吉田早苗校訂

大間成文抄 上巻

吉川弘文館 刊行

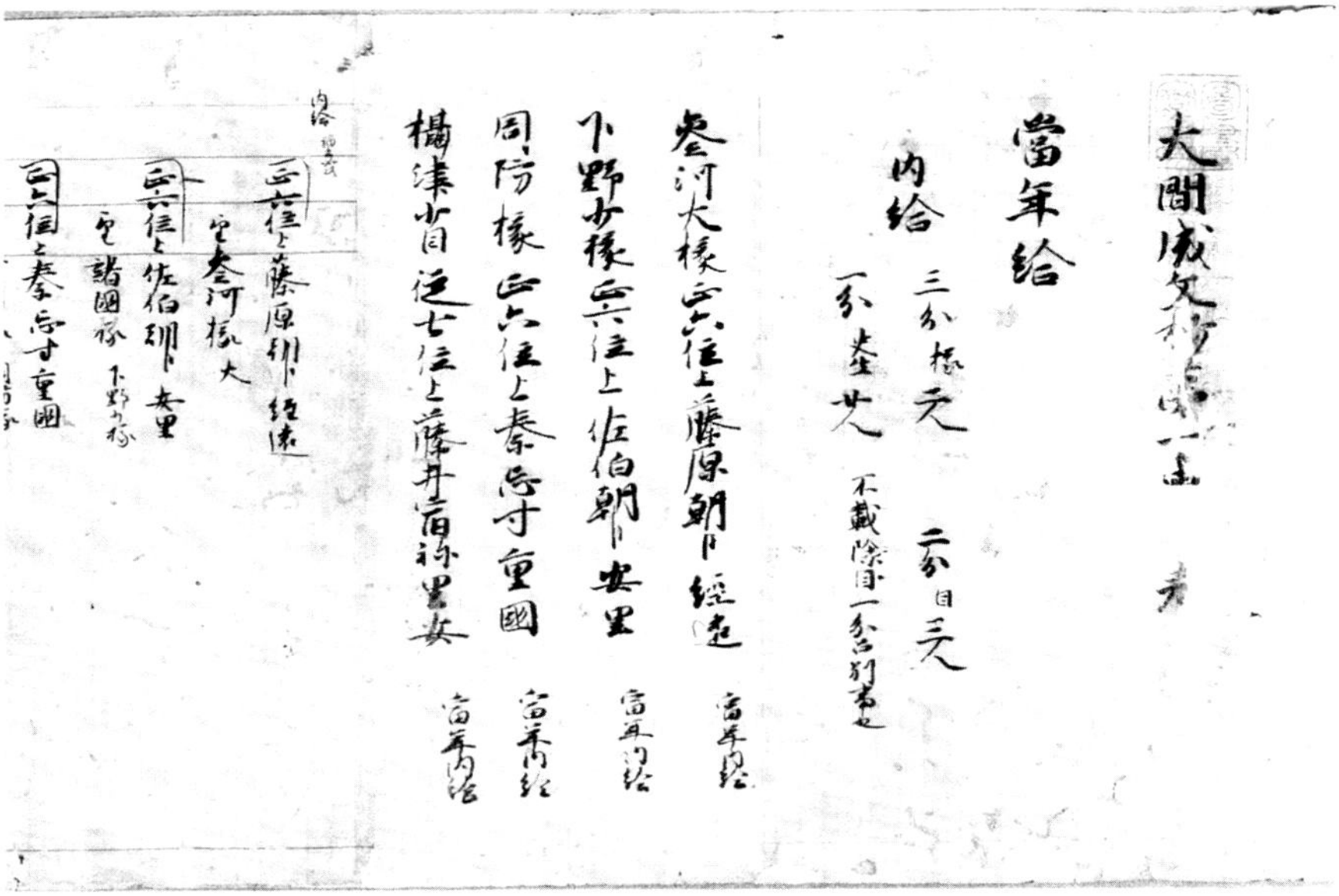

九条家旧蔵本『大間成文抄』第一上 巻頭

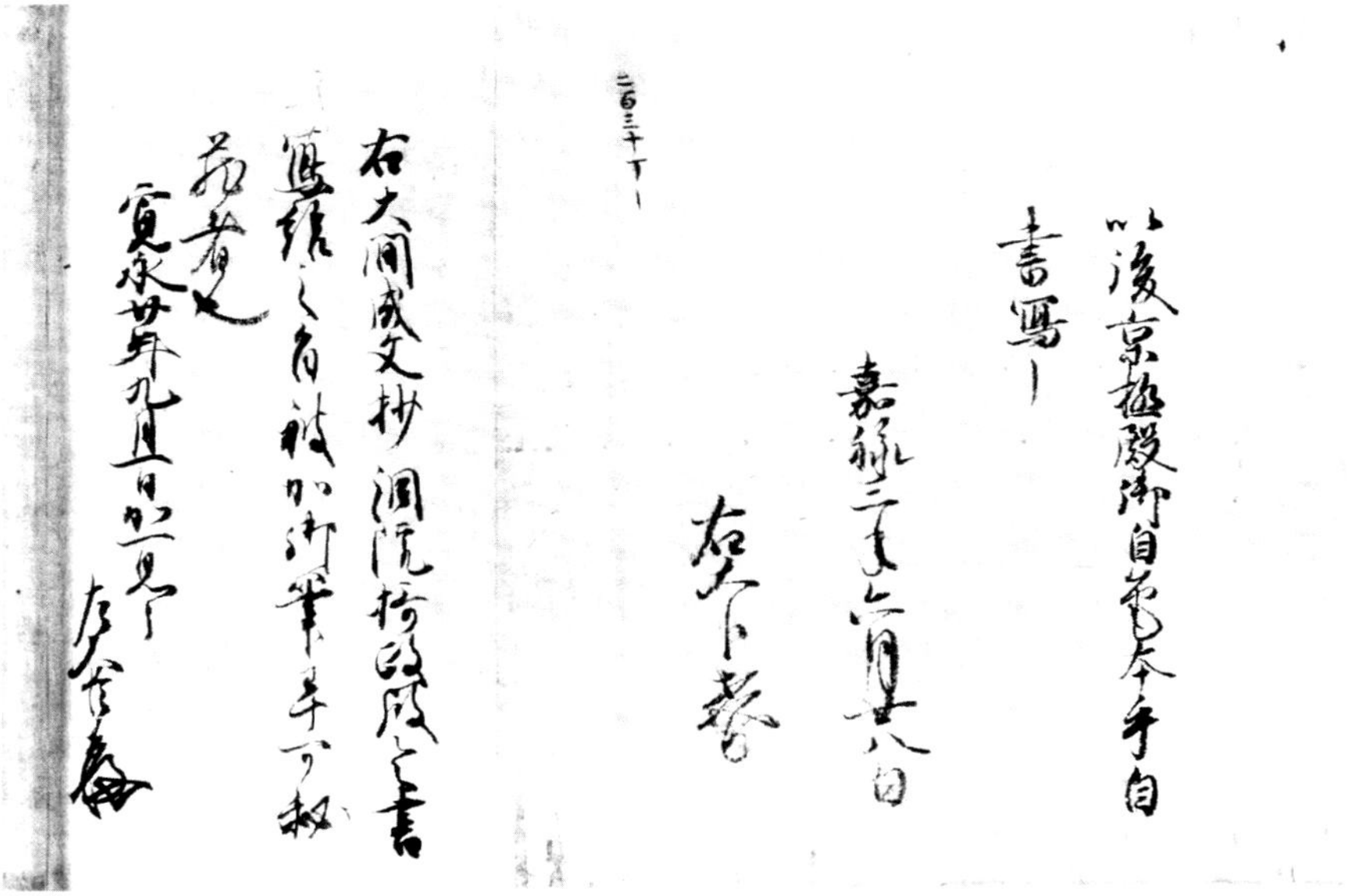

同　第一下 巻末

（宮内庁書陵部所蔵）

解説

一　書名と成立

本書は、鎌倉初期の摂政九条良経（一一六九―一二〇六）によって編まれた書で、これまで「除目大成抄」の名称で広く知られてきた。これは本書の流布本の底本となった彰考館所蔵本の外題が「除目大成抄」であることによるところが大きい。しかし、彰考館本の内題および、このたび底本に用いた宮内庁書陵部所蔵九条家旧蔵本にも明らかなごとく、本来の題名は「大間成文抄」である。これは、過去の除目の大間書と成文から、適切な例を取捨選択して構成したという内容を、端的に示した名称といえる。

本書の成立時期については、『玉葉』建久六年（一一九五）正月十五日条に、「又大将（良経）来、持来除目抄出物也、自去年秋比、自旧大間成柄之中所抄出云々、尤要須之物也、春秋幷八巻、少々可直事等指示畢、」とみえ、良経が父兼実に八巻にまとめたものの閲覧を請い、兼実が気づいた点を指摘していること、例として引かれた除目の下限が建久七年春除目であること、良経が建久六年京官除目・同七年春除目の執筆を勤めながら、同年十一月兼実が源通親に失脚させられると同時に、良経も出仕を止められ、正治元年（一一九九）に至るまで籠居していることなどから、良経がこの籠居中の建久八・九年頃に、全一〇巻の形で完成させたと考えられる。

良経は、本書の完成後、除目の儀式の作法を詳述した『春除目抄』（六巻）・『秋除目抄』（一巻）を著しており（両書は『図書寮叢刊』の『九条家本除目抄』上・下に収載されている）、いずれの書も摂関家嫡流たる九条家に伝えられた作法の整理と確立という視点で述べられている。

二　内容と構成

本書の内容は、春除目および京官除目の執筆を勤める際の参考となる先例を、何によって任官したかの項目別に整理したものである。一〇巻からなり、第一―第五に春除目の外官、第六―第九に春除目の京官、第十に京官除目および大間書の訂正方法等を収める。現存する写本では多くの巻が上下に分けられているが、例えば第一の分割箇所が、流布本と九条本とで異なることからもわかるように、全て後に手が加えられたものである。同じく各巻に付された目次もまた、後世の加筆である。

次に本書の構成を巻頭部分により説明する（口絵写真および本文一―四頁参照）。最初の二行は、「当年給」のうちの「内給」の任例であることを示しており、行頭に朱点が付されている。次の四行は、大間書とほぼ同じ書き方で人名を列記し（大間書では、「三河国／（中略）／　大掾正六位上藤原朝臣経遠　当年内給」となる）、朱で永久四年の春除目の任例であることを示す「永久四」の頭書が加えられている。この箇所にはないが、その除目の執筆の名が脚注されていることもある。次にこの任官に関わる成文（人名に鉤がかけられ、任官が実現したことが明示されている申文）が引用される。同様にして保安二年、安元二年と続き、次に「任介例」として、「当年給」の「内給」で「介」が任命された例を掲げる。

すなわち、基本的な構成は、項目ごとに任官の実例を列記した上で、その後に説明的な部分を付加するという形をとる。この部分の内容としては、まず大多数を占める成文（申文・請奏・連奏など）のほか、宣旨・太政官符・労帳・文章生歴名・勘文などの文書の引用がある。そして文書に比べて僅かではあるが、「御記云」などとして、記録も引用されている。また任官の例、尻付の書き方などを類別して、おのおのに対応する除目の年次を示すことが多い。そのほかに前例を勘案したうえで、良経の私見を記す箇所もある。

このたび底本に用いた九条本では、項目・人名（大間書）・説明の部分はそれぞれ別の料紙に、内容により界線に従って高さを変えて書かれ、それが貼り継がれて巻子になっている。良経の自筆本もこうした体裁であったと考えられ、翻刻の際には、可能な範囲でその体裁を残すことを心掛けた。

例示された除目の年次は、昌泰元年（八九八）から建久七年（一一九六）までの約三百年間にわたる。そして道長・教通・師実・師通・忠実・忠通・頼長・兼実・良経と、良経に至る摂関家の人々が執筆を勤めた除目がかなりの割合を占めている。これは、大間書と成文が除目の清書の終了後執筆に届けられ、その家に伝えられてゆくため、九条家に蓄積されたそれらの豊富な資料を良経が利用した結果であるとともに、自家の流儀を整理するという本書執筆における良経の基本的な立場によるものである。こうした彼の意図は、説明の部分で「家例」「他家例」とした分類註記があることからもうかがえる。

このように、本書は膨大な史料に基づいて編纂された二次史料であり、ある程度の誤謬の存在を覚悟しなければならない。最も明らかな形では、一つの任例について大間書と申文で同一人物の官職・位階・姓名が異なる場合があり

（例えば七頁仁平元年の箇所）、他には同一の例を再度引用した際に、前後で文字が相違することもある。翻刻の際には、明らかな誤りを除き、原則としてこれらの相違に註を付すことはしなかった。また見方を変えて、本書を『長徳二年大間書』と対照すると、文字の相違のほかに、本書で「長徳二年」と書かれた任例が『大間書』にない場合や、逆に『大間書』に載せられながら本書では別の年とされている任例がみえる。他にも良経の単純な誤りと思われる箇所もあり、本書を利用するにあたっては、こうした錯誤の可能性を十分に考慮せねばならないだろう。

三　伝来

本書の伝来は複雑な経過をたどる。

良経の自筆本は、九条家が良経の嫡子道家の子の代に三家に分かれたうち一条家に所蔵され、十五世紀末まで存在が確認されるが、その間に分巻されていた。但し明応六年（一四九七）に、三条西実隆が一条冬良に借用を求めて書写した際には、第四・第五・第九の三巻が逸失しており、実隆は九条家所蔵の写本によって欠巻を補った。実隆書写本はその後三条西家に伝えられ、江戸中期の正徳元年（一七一一）に、三条西公福が書写している。実隆本の以後の所在は不明であるが、公福書写本の一部が柳原家旧蔵本として、現在宮内庁書陵部に所蔵される。

実隆本の系統を引く本としては、江戸初期に後西天皇の蒐書の一環として書写されたと思われる、「除秘大成抄」の外題を持つ写本が、現在京都御所東山御文庫に収められている。

一方、元禄三年（一六九〇）水戸藩の小野沢介之進が、実隆本の系統を引き、「除目大成抄」の外題を持つ、花山院定誠所蔵本を書写し、彰考館に送った。その後写本が作られたらしく、大正年間には彰考館に二部所蔵されていたが、現在の所蔵は一部のみである。これらの彰考館本により本書が流布していった。

これに対して、嘉禄三年（一二二七）良経の孫教実が本書の書写を開始した。しかし彼が書写を完了したのは第一―第四の四巻で、五巻以降は各巻とも未完成のまま教実の子孫である九条家に伝えられた。うち第七は失われ、鎌倉中期の写本で補われた。明応三年九条政基が大部の巻を分巻し、目次を付し装丁を整えた。前述した実隆が第四・第五・第九を九条家から借用して書写した本がこれである。第八・第十は、江戸初期に実隆本に近い本を底本に、書写未了の部分の補写が行われた。寛永二十年（一六四三）頃に九条道房によって全巻が修理・表装された。その後九条家より書陵部に入り現在に至っている。

四　諸　本

以上のように本書の写本は二つの系統に大別される。一本は三条西実隆が良経自筆本を書写した本を祖本とする写本群であり、もう一本は九条教実が自筆本を書写した本である。

1　実　隆　本

実隆が書写した本の系統を述べるにあたり、まず実隆による本奥書および第十上の裏書を掲げる。

〈第一上〉

正平十九年四月六日、静一見之、依前関白経、所進也、

右一巻申請太相国(一条冬良)、後京極摂政(九条良経)自筆、密覧之次馳禿筆、更不可免他見者也、

明応第六四月十五日

従二位行権大納言兼侍従藤原朝臣(三条西実隆)　判

〈第一下〉

正平十九年四月六日、於灯下静一見之、依前関白経、所進也、此書除目之要枢、公務之管轄者也、朕以受彼一流之正説殊執之、進覧尤為報国之忠矣、

右申請太相国、時々之間馳筆了、更不可外見焉、

明応第六猛夏十七日　判

〈第二上〉

右以太相国本後京極摂政自筆、書写之、不可有外見者也、

明応六年四月廿八日　判

〈第二下〉　奥書なし

〈第三上〉

以後京極摂政自筆書写之矣、

明応丁巳(六年)端午前一日

権大納言藤判

〈第三下〉
明応六年五月六日、書写之、　判

〈第四〉
嘉禄三年九月十日、書写了、
右大臣（九条教実）判
以右奥書本書写之、洞院（教実）摂政自筆歟、尤可謂証本、桃花坊本闕巻第四・第五・第六、以此本所写続也、可秘蔵之、
明応第六初秋廿九日
権大納言藤　判

〈第五〉
明応六年八月六日、書写之、
可秘之、
従二位行権大納言兼侍従藤原朝臣　判

〈第六〉
明応第六五月十三日　開梅雨窓染禿筆畢、
判

〈第七〉
明応六年五月十八日、書之、

〈第八上〉

権大納言藤臣判

明応丁巳夏五念三、終禿筆之功畢、

亜三台拾遺判

〈第八下〉

明応第六林鐘朔、終書写功了、

権大納言藤判

〈第九〉

明応六年七月廿九日、頃刻染禿筆畢、

権大納言藤臣判

〈第十上裏書〉（後述する公福の書写本による。）

明応第六林鐘八日、終書写功、以上十二巻終一筆之功者也、

不可外見、可秘々々、

〈第十下〉

後京極摂政殿下抄自筆、密覧之間、卒馳禿毫、不可外見而已、

明応六年上巳前日

権大納言藤判

また明応六年の『実隆公記』には次の記事がみえる。

六月八日条　大間成文抄今日終写功、懸表紙了、

八月六日条　大間成文抄闕巻三巻、終功、今日沙汰立之了、

以上の奥書と記事の日付と内容から、以下のことが明らかである。実隆は明応六年の三月から六月にかけて、一条家に所蔵される良経の自筆本を底本に、第一—第三・第六—第八・第十の計一二巻を書写し、六月八日に完了した。ついで七月から自筆本に欠けていた第四・第五・第九を、九条家所蔵の教実の写本を底本に書写した。すなわち第四の奥書に見える「第六」は、第九の誤りである。

現存する本書の写本の多くは、この実隆本が底本あるいは祖本となっている。なお以下で述べる主要な写本では、いずれの本でも界線が写されていない。ただし後述する九条本の第八・第十の補写部分には界線が引かれており、実隆本自身には界線が施されていたと考えられる。

次に主要な写本を示す。

(1)　公福本　宮内庁書陵部所蔵（柳—四二一）

冊子一冊。柳原家旧蔵。表紙に外題はなく、柳原均光の識語がある。

本文は、第九・第十・第二上（後欠）・第一上（前欠）・第一下の順に合綴されており、奥書は次のとおりである。

〈第九〉

明応六年七月廿九日、頃刻染禿筆畢、

権大納言藤臣判

正徳元年七月十四日、実隆公以正筆本書写畢、

従四位上行右近衛権中将藤原（三条西）公福

〈第十下〉

後京極摂政殿下抄自筆、密覧之間、卒馳禿毫、不可外見而已、

明応六年上巳前日

権大納言藤（花押影）

右惣計七巻、以実隆公自筆、御本令染毫畢、

正徳元年十月上澣

右近衛中将藤（花押）

〈第一上〉

本云、

正平十九年四月六日、静一見之、依前関白経、所進也、

右一巻申請太相国、後京極摂政自筆、密覧之次馳筆、更不可免他見者也、

明応第六四月十五日

従二位行権大納言兼侍従藤原朝臣　判

右以実隆公自筆御本令書写、尤可秘々々、納四庫不可許他見而已、

正徳元年窮冬十五夜

右近衛中将藤原（花押）

〈第一下〉

本云、

正平十九年四月六日、於灯下静一見之、依前関白経、所進也、此書除目之要枢、公務之管轄者也、朕以受彼一流之正説殊執之、進覧尤為報国之忠矣、

本云、

右申請太相国、時々之間馳筆了、更不可外見焉、

明応第六猛夏十七日　判

正徳第一臘月仲澣、令書写納箱、不可出而已、（花押）

また第十の途中、後述の九条本では第十上の巻末にあたる箇所に、

本紙裏云、

明応第六林鐘八日、終書写功、以上十二巻終一筆之功者也、

不可外見、可秘々々、

とある。

奥書によれば、この写本の筆者は、実隆の子孫にあたる三条西公福である。そして奥書の日付から、公福が京官任命に関わる第六―第十を先に書写したと想定すると、第十奥書に見える「惣計七巻」は、実隆本の第六―第十の総巻数と一致し、当時完本もしくはそれに近い形で、三条西家に伝えられていたと考えられよう。

(2)　東山御文庫本　御物　京都御所東山御文庫収蔵（勅封　一五三—三）

冊子一〇冊。表紙に後西天皇筆の「除秘大成抄」の外題があり、裏表紙見返しに「明暦」の印が押される。

奥書は実隆の本奥書のみ。

実隆本から書写を重ねた本が底本と思われるが、彰考館本よりは実隆本に近いようである。

(3)　彰考館本　彰考館所蔵

冊子五冊。表紙外題は「除目大成抄」。

奥書は、実隆の本奥書の他、第十巻末に

右除目大成抄五冊、元禄庚午（三年）春、以花山院前内大臣定誠家蔵本写、

とある。

奥書および彰考館の書籍収集の関連史料である『館本出所考』『大日本史編纂記録』によれば、この本は元禄三年二月に、水戸藩の小野沢介之進が、花山院定誠所蔵の本を底本に書写した本である。

ただ大正七年（一九一八）刊の『彰考館図書目録』には、「花山院本」が二部所蔵されていることがみえ、小野沢の書写した本とその写本が所蔵されていたようである。うち一部は第二次大戦中に焼失したと思われ、一部が現存するが、この本が小野沢の写本であるか不明である。これらの彰考館本を底本もしくは祖本として、内閣文庫・尊経閣文庫などに所蔵される写本が作られ、「除目大成抄」の名称が広まった。一九七三年に公刊された黒板伸夫校訂『除目大成抄（大間成文抄）』（『新訂増補史籍集覧』別巻一）は、彰考館本を底本に用い、内閣文庫本で対校している。

2　九　条　本　宮内庁書陵部所蔵（九―一〇五）

現在宮内庁書陵部に所蔵される、九条教実が良経自筆本を書写した本は、巻子一六巻および付「旧表紙断片」一巻である。一六巻は全て同一の表紙で、第一下の一見奥書を記した九条道房が外題を書いており、そのうち八巻には、現在の表紙に続き九条政基が付した旧表紙が残されている。そして一部の巻では、表紙および旧表紙の見返しに目次が書かれている。

各巻の形態は次のとおりである。

	紙数	縦	全長（本文）
第一上	一一三	二六・九センチ	一七一八・〇センチ
第一下	二二九	二七・〇	二三〇八・〇
第二上	一五六	二六・七	二一六三・九
第二下	九五	二六・七	一二〇〇・七
第三上	七五	二七・〇	一三九八・三
第三下	五六	二七・一	九〇七・二
第四	八三	二六・七	一二一三・〇
第五	一〇八	二六・七	二三五一・〇
第六	八四	二六・七	一八一五・四
第七上	二八	二八・七	一一九六・二

第七下	五五	二八・六	一八三七・三
第八上	九六	二九・三	一七四三・二
第八下	一三九	二九・四	二〇八四・〇
第九	二〇	二八・九	八七六・五
第十上	一七二	二九・四	一八九〇・八
第十下	三七	二九・五	七八二・五

第七以外の各巻は、前述のように三種類の料紙が貼り継がれている。項目の部分は紙質が斐紙で界線が天三本、地一本の墨界、人名の部分は斐紙で天地各一本の墨界、説明の部分は斐楮交漉紙で天三本、地一本の墨界である。第七は文書などの裏を用いており、界線はない。

奥書は次のとおりである。

〈第一上〉

大間成文抄第一、依為大巻、分両巻畢、仍付上下者也、

明応三年正月日准三宮（九条政基）（花押）

〈第一下〉

以後京極殿御自筆本、手自書写了、

嘉禄三年六月廿八日

右大臣（九条教実）（花押）

右大間成文抄、洞院（教実）摂政殿令書写給之旨、被加御筆畢、可秘蔵者也、

寛永廿年九月一日、加一見了、

左大臣（九条道房）（花押）

〈第二下〉

書写了、

嘉禄三年八月三日

（教実）（花押）

〈第三下〉

嘉禄三年八月廿五日、書写了、

右大臣（花押）

〈第四〉

嘉禄三年九月十日、書写了、

右大臣（花押）

〈第七上〉

大間成文抄第七、依為大巻、分両巻了、仍付上下者也、

明応三年正月日（政基）（花押）

〈第十下〉（本奥書）

本云、

後京極摂政殿下抄自筆、密覧之間、卒馳禿毫、不可外見而已、

明応六年上巳前日

権大納言藤判

以上から第一―第四は、良経の嫡孫である九条教実の書写にかかることが明らかである。第七を除く第五以降も教実の書写であるが、書写奥書が記されていないことが示すように、書写が完了していない。そして教実が巻頭から順次写していくのではなく、項目・人名・説明の三つの構成部分を、三種類の料紙に別々に書写し、切り継いで成巻した上で朱書・合点などを加えるという、恐らくは良経の自筆本の体裁を忠実に模倣する方法をとったため、各巻がその途中の段階で残される結果となった。すなわち第五・第六は朱書・合点などが未了で、第八は説明の途中まで書写され、第九は項目・人名のみ終了し、第十は人名の途中までであった。

第七は教実の写本ではない。書状などの裏を料紙に用いて、界線は引かず、巻頭から書き写してゆく、より簡略な書写の方法である。この巻では実隆本の巻末にあたる部分の次に、「所々奏」という一項目があり、実隆が書写した時点で、すでに自筆本から欠落していたようである。書写の時期は、紙背文書の年紀から十三世紀後半であると思われ、自筆本もしくはごく近い写本が底本であったと考えられる。

第一・第七には、九条政基が明応三年に分巻した旨の奥書を記しており、同じ頃に全巻に表紙を付したらしい。実隆が欠巻三巻を書写したのは、その三年後である。ここで実隆の本奥書に戻ると、彼が自筆本の欠巻を補写した九条

本は、第四・第五・第九であり、結果として第五・第九は未完成の本しか伝わらないこととなった。

その後、近世初頭に至り、第八と第十について、実隆本或いは近い写本に基づいて、未了の部分の補写と成巻が行われ、現在の形となった。

「旧表紙断片」は、寛永二十年頃に新たに表紙が加えられたときに除かれた、政基筆の旧表紙一三点を書陵部で成巻したものである。

最後に本書の各巻の現存状況について要約すると、第一—第三は、実隆本・教実本おのおの完本が伝えられる。第四・第五は、実隆本は教実本の写本であり、第四は完本、第五は未完である。第六は、実隆本が完本、教実本は未完である。第七は、実隆本は後欠、教実本は不明だが、鎌倉中期の完本が存在する。第八・第十は、実隆本が完本、教実本が未完で、後に実隆本に基づいて補写が行われた。第九は、教実本が未完で、実隆本はそれを書写した。

〔参考〕 拙稿「『大間成文抄』と『春除目抄』」(土田直鎮先生還暦記念会編『奈良平安時代史論集』下、吉川弘文館、所収)

〔付記〕 本書の校訂にあたり、黒板伸夫氏校訂の『除目大成抄』に負うところが大きかったことを特記しておきたい。

凡　例

一、本書は、宮内庁書陵部所蔵九条本『大間成文抄』（函号九―一〇五）を底本として翻刻するものである。

一、本冊には、上巻として第一―第五を収めた。下巻には、第六―第十と全巻の人名索引を収める。

一、対校に用いた諸本とその略号は、次の通りである。

　キ　宮内庁書陵部所蔵三条西公福書写本『大間成文抄』（函号柳―四二一）

　ヒ　京都御所東山御文庫本『除秘大成抄』（勅封一五三―三）

　ナ　国立公文書館内閣文庫所蔵『除目大成抄』（函架番号一四五―二七五）

一、原則として常用漢字を用いた。

一、底本にある符号のうち、∽（挿入符）、ﾐ（抹消符）は、もとのまま残した。

一、新たに読点（、）・並列点（・）を施し、また編者の加えた註には次の二種の括弧あるいは〇を施した。

　〔　〕　校訂に関する註のうち、本文に置き換えうる文字を含むもの。

　（　）〇　右以外の校訂註および説明註。校訂に用いた諸本において、底本と相違する文字、底本にない文字のうち、参考として掲げるに足ると思われる場合もこれらの記号を施して註した。

一、右のほか、本書の校訂のため、次の符号を加えた。

□□　欠損文字。
▨　塗抹されて判読できない文字。
＼　墨鉤。
⋰　朱鉤。
「」　外題・袖書・頭書・補書・裏書等の範囲を示した。
『』　朱書の文字を括った。
」　紙継目を示した。

一、行頭の朱点および各紙に付された張数を示す数字は省略した。

一、本書の刊行に際して、九条家旧蔵本の翻刻を許可された宮内庁書陵部に深く感謝の意を表するものである。

一、本書の刊行に際して、平成四年度文部省科学研究費補助金（研究成果公開促進費）を交付されたことに感謝する。

目次

（表紙外題、九条道房筆）
「大間成文抄第一上　春外国一上」

（旧表紙外題、九条政基筆）
「大間成文抄第一上　春○外国一上」

大間成文抄第一「上」　春　〔外国一〕□

当年給

内給　三分掾、二人　二分目、三人　一分史生、廿人　不載除目、一分召別事也、

『永久四』

参河大掾正六位上藤原朝臣経遠　当年内給、

下野少掾正六位上佐伯朝臣安里　当年内給、

周防掾正六位上秦忌寸重国　当年内給、

摂津少目従七位上藤井宿禰里安　当年内給、

内給、袖書如此、
正六位上藤原朝臣経遠

望参河掾、大、

正六位上佐伯朝臣安里

望諸国掾、下野少掾、

正六位上秦忌寸重国

望諸国掾、周防掾、

従七位上藤井宿禰里安

望諸国目、摂津少、

右当年内給、以件等人可任之、

永久四年正月廿八日

『保安二』

播磨権掾正六位上紀朝臣国沢　当年内給、

周防権掾正六位上藤井宿禰牛安　当年内給、

備後大掾正六位上清原真人国末　当年内給、

備前大目従七位上藤井宿禰諸武　当年内給、

加賀大目従七位上藤井宿禰武里　当年内給、

正六位上紀朝臣国沢

望播磨掾、

＼正六位上藤井宿禰牛安
望周防掾、
＼正六位上清原真人国末
望備後掾、
＼従七位上藤井宿禰諸武
望備前目、
＼従七位上藤井宿禰武里
望加賀目、
右当年内給、以件等人可任之、
保安二年正月廿二日
」

『安元二』
美濃掾正六位上惟宗朝臣真康　当年内給、
安藝大掾正六位上紀朝臣有貞　当年内給、
相模大目従七位上車持宿禰牛貞　当年内給、
加賀大目従七位上藤井宿禰通松　当年内給、
播磨大目従七位上紀朝臣信安　当年内給、
＼正六位上惟宗朝臣真康　美濃、
」

正六位上紀朝臣有貞　安藝、

已上望諸国三分、

従七位上車持宿禰牛貞　相模、

従七位上藤井宿禰通松　加賀、

従七位上紀朝臣信安　播磨、

已上望諸国目、

右当年内給、以件人々可任之、

安元二年正月廿八日

任介例

長徳四　摂津、『介一人、掾一人、目一人、』　長保元　上野権、『介一人、掾一人、目二人、』

同秋　能登、『介一人、掾一人、大宰監一人、』　寛弘四　駿川、『介一人、掾一人、目一人、』

諸院　三分一人　二分一人　一分三人

〔長ヒ〕
『□保四』
『院御給請一人例』

丹波掾正六位上清原真人重方　冷泉院当年御給、

冷泉院

正六位上清原真人重方

望丹波掾、

右当年　御給、以件重方可被任之状如件、

長保四年二月廿八日　「（源）雅信」

」

『寛和二』

近江少掾正六位上藤原朝臣連延　朱雀院当年御給、

」

朱雀院『円融院』

＼正六位上藤原朝臣連延

望近江掾、

＼正六位上藤原朝臣公仲

望内舎人、二分代、

右当年御給、所請如件、

寛和二年正月廿三日

」

『寛弘四』

伊賀掾正六位上来宿禰澄胤　華山院当年御給、

越前大目従七位上大神宿禰長光　華山院当年御給、

」

華山院

＼正六位上来宿禰澄胤

望伊賀国掾、
従七位上大神宿禰長光
望越前国目、
右当年御給、所請如件、
寛弘四年正月廿四日

『永久四』
伊予大掾正六位上藤井宿禰富方（白河法皇）院当年御給、
讃岐少目従七位上我孫宿禰吉友　院当年御給、
院
正六位上藤井宿禰富方
望諸国掾、　伊予大、
従七位上我孫宿禰吉友
望諸国目、　讃岐少、
右当年　御給、所請如件、
永久四年正月廿八日

『仁平元』
讃岐大掾従七位上紀朝臣貞清（崇徳上皇）新院当年御給、

阿波目従七位上秦忌寸国里 新院当年御給、」

新院

\従七位上紀朝臣貞清

望諸国掾、 讃岐、

\従七位秦宿禰国重

望諸国目、 阿波、

右当年御給、所請如件、

仁平元年正月廿七日」

『治承三』

備前少掾正六位上藤井宿禰盛沢 皇嘉門院（藤原聖子）当年御給、」

皇嘉門院

\正六位上藤井守沢 宿禰 執筆入之、

望諸国掾、 備前少、

\正六位上中原朝臣盛経

望内舎人、 二分代、

右当年御給、所請如件、

治承三年正月十七日」

『治承四』

伯耆大掾正六位上藤井宿禰成清　(暲子内親王)八条院当年御給、

周防大目従七位上中原朝臣近国　八条院当年御給、

(裏書)「大間成文　此初可勘之、」

八条院

＼正六位上藤井宿禰成清

望諸国掾、伯耆大、

＼従七位上中原朝臣近国

望諸国目、周防、

右当年御給、所請如件、

治承四年正月廿六日

諸宮　三分一人　二分一人　一分三人

『永久四』

土左大掾従七位上多治宿禰末国　〔太〕(藤原寛子)太皇大后宮当年御給、

阿波大目従七位上上毛野宿禰久友　〔太〕太皇大后宮当年御給、

〔太〕太皇大后宮職

＼従七位上多治宿禰末国

望諸国掾、土左大、

\従七位上上毛野宿禰久友
望諸国目、阿波大、
右当年　御給、所請如件、
永久四年正月廿八日」

『延久三』
因幡大掾正六位上八田宿禰頼弘（藤原寛子）皇太后宮当年御給、
讃岐大目従七位上文宿禰清信皇太后宮当年御給、」
皇太后宮職
\正六位上八田宿禰頼弘
望諸国掾、因幡大、
\従七位上文宿禰清信
望諸国目、讃岐大、
右当年　御給、所請如件、
延久三年正月廿四日」

『永久四』
播磨権掾従七位上藤井宿禰武方（令子内親王）皇后宮当年御給、
美作少目従七位上秦宿禰武元皇后宮当年御給、」
皇后宮職

従七位上藤井宿禰武方
望諸国掾、播磨権、
従七位上秦宿禰武元
望諸国目、美作少、
右当年　御給、所請如件、
永久四年正月廿八日

『治承四』
伊予大掾正六位上草部宿禰末光　(平徳子)中宮当年御給、
讃岐目従七位上藤井宿禰正恒　中宮当年御給、
中宮職
正六位上草部宿禰末光
望諸国掾、伊予大、
従七位上藤井宿禰正恒
望諸国目、讃岐、
右当年御給、所請如件、
治承四年正月廿六日

『長保四』

阿波大目正六位上小野朝臣有連（居貞親王）春宮当年御給、」

春宮坊

正六位上清原真人正忠

望若狭掾、

＼正六位上小野朝臣有連

望阿波目、

右当年　御給、以件等人所請如件、

長保四年二月廿七日」

『治承四』

播磨掾正六位上高向宿禰国廉（言仁親王）春宮坊当年御給、

伊予大目従七位上錦宿禰末国春宮坊当年御給、」

春宮坊

＼従七位上高向宿禰国廉

望諸国掾、播磨、

＼従七位上錦宿禰末国

望諸国目、伊予大、

右当年御給、所請如件、

治承四年正月廿六日

加坊字例

長徳三　康平六　同八

長治二　治承三

無坊字例

長徳四　長保元　寛徳元

永承元　同二　同五

天喜二　同四　同五

康平元　同二　同三

同六　同七　治暦三

同四　延久二　同三

同五　承保二

東宮例　実資（藤原）大臣毎度用之、清慎公（藤原実頼）同之、

長保二

准后　三分一人　二分一人　一分三人

『長保〔治カ〕二』遠江少掾正六位上小長宿禰永宗　斎宮当年給、
尾張少目従七位上六人部宿禰常貞　斎宮当年給、
無品善子内親王家
\正六位上小長宿禰永宗
望諸国掾、遠江少、
\従七位上六人部宿禰常貞
望諸国目、尾張少、
右当年給、所請如件、
長治二年正月廿五日

『長治二』周防掾正六位上清原真人常安　斎院(禛子内親王)当年給、
伯耆大目従七位上大和宿禰儀永　斎院当年給、
斎院
\正六位上清原真人常安
望諸国掾、周防、
\従七位上大和宿禰儀永
望諸国目、伯耆大、

右当年給、所請如件、

長治二年正月廿五日

斎宮・斎院例

長徳二（選子内親王）斎院、　永承七（禖子内親王）斎院、

延久二（俊子内親王）斎宮、　嘉保元（令子内親王）斎院、

斎内親王例

長元四　于時斎宮（嫥子女王）・斎院（選子内親王）共御坐、無分別歟、

賀茂斎内親王例

延久三（佳子内親王）秋　康平四（正子内親王）

不注斎王由例

延久元　俊子内親王、斎宮也、于時卜定了、未入諸司、

『長和四』

常陸大掾正六位上飛鳥部宿禰弘真　大宰帥親王当年給、

周防目正六位上佐波宿禰元親　大宰帥親王当年給、

\正六位上飛鳥部〔宿禰脱カ〕弘真

望常陸掾、

\正六位上佐波宿禰元親

望周防目、

右当年給、所請如件、

長和四年二月十六日一品行大宰帥敦康親王」

『寛弘四』

越中掾正六位上錦宿禰良正　(一条天皇)『脩子』今上一品内親王当年給、

河内権大目従七位上秦宿禰本重（里キ）今上一品内親王当年給、（当キナシ）」

加今上字例

寛弘四年　見右、

于時一品資子『村上皇女、』内親王存生、

延久二年　今上一品内親王当年給、(後三条天皇)『聡子、第一皇女、』　○キ本ココニ「無可混之人者、当代一品親王不可書名字歟、」アリ、

同年秋　同、

同三年　同、

于時良子・祐子『共後朱雀皇女、』共一品又存生之間也、

(源)『俊房』応徳二年秋　(白河天皇)(媞子)今上第一内親王当年給、『郁芳門院、無品、』　○キ本ココニ「后腹、」アリ、

今上幷名字共加例

延久三年秋　(後三条天皇)今上一品聡子内親王当年給、京官、」

『長元八』

常陸大掾正六位上邦中宿禰盛孝　一品章子内親王当年給、

佐渡目正六位上巡辺（マヽ）宿禰信武　一品章子内親王当年給、

不加今上字書名例

『小右（実資）』長元六年　一品章子内親王当年給、

『同』　同七年　一品章子内親王当年給、『于時□〔一キ〕品選子・一品禎子存生、』

二品馨子内親王当年給、

『大二（藤原教通）』長久四年　一品良子内親王長久二年給、

三品娟子内親王長暦二年巡給、

小野宮（実資）・大二条（教通）毎度如此、

延久元年　『未叙一品、』聡子内親王当年給、

俊子内親王当年給、

佳子内親王当年給、

篤子内親王当年給、

已上四人母女御（源）基子（正シクハ藤原茂子）、皆無品、

『俊房（源）』応徳二年　『郁芳門院也、』無品媞子内親王当年給、

『元永三』

越後大掾従七位下津守成光〔宿禰脱カ〕　一品聡子内親王当年給、

『実資（藤原）』

越中少目従七位下弓削朝臣武松　一品聡子内親王当年給、

『出家人也、』
一品聡子内親王

＼従七位下津守成光〔宿禰脱カ〕

望諸国掾、越後、

＼従七位下弓削武弘〔朝臣脱カ〕

望諸国目、越中、

右当年給、所請如件、

元永三年正月廿五日

非当代親王、雖一品書名例

『小右』（藤原実資）長元々年　一品脩子内親王当年給、『一条院皇女、』

一品禎子内親王当年給、『三条院皇女、』

『大二』（藤原教通）永承元年　一品章子内親王当年給、『後一条院皇女、』

一品良子内親王当年給、『後朱雀院皇女、』

小野宮（実資）・大二（教通）条毎度如此、

延久五年　一品良子内親王当年給、

一品聡子内親王当年給、

承保二年　同、

永久四年秋　一品聡子内親王当年給、京官、

○キ本ココニ「非当代者、書名常事也、」アリ、

『治暦三』

摂津大掾正六位上秦宿禰公信　一品内親王当年給、

越前大目従七位上漢部宿禰近時　一品内親王当年給、

雖非当代親王、依一品不書名例

長徳三年　一品内親王当年給、『資子、村上皇女、』　同四年　同、秋同□、〔之キ〕

長保元年　同、　同二年　同、

同五年　同、　寛弘四年　同、

同八年　同、

治暦四年　一品内親王当年給、『良子、後一条院皇女、』（良子ハ後朱雀天皇皇女）　延久二年　同、

同三年　同、

『康平六』

阿波掾正六位上紀朝臣福永　『前斎院』二品馨子内親王当年給、

摂津権少目従七位上秦宿禰清富　二品馨子内親王当年給、

二品親王不書名例

康平八年　二品内親王『馨子』当年給、『後一条院皇女、』

治暦二年　同、

同四年　同、

件年々一品同不書名、無品書名也、

依無可混之人不書名歟、非常説、

二品書名例　常例也、

『大二』（藤原教通）長久五年　二品馨子内親王当年給、

後々年皆如此、

『永久四』

讃岐少掾正六位上秦宿禰末延　『前斎宮』無品善子内親王当年給、

阿波少目従七位上刑部宿禰峯松　無品善子内親王当年給、

無品善子内親王家

正六位上秦宿禰末近

望讃岐国掾、

従七位上刑部宿禰峯松

望諸国目、阿波少、

右当年給、所請如件、

永久四年正月廿八日

無品内親王不書名例　書名流例也、仍不注、

延久二年　無品内親王『祐子』当年給、『後朱雀院皇女、非准母儀、』

今度一品同不書名、此外無例、

無品内親王不加品例

天暦八年　成子内親王当年巡給、

寛弘四年　媄子内親王臨時給、

天喜四年　娟子内親王当年給、

康平八年　儇子内親王当年給、　祐子内親王臨時被申、

治暦三年　栄子内親王当年給、　禖子内親王治暦元年給、

同五年　儇子内親王当年巡給、

延久元年　聡子、、、、　佳子、、、、

篤子、、、、　俊子、、、、

同三年　正子内親王去年巡給、

加品例　依為流例不注之、

『寛治二』

備後権掾正六位上内蔵朝臣良道　(媞子内親王)『郁芳門院、立后以前也、』無品内親王当年給、　(藤原)『通俊』

阿波大目従七位上丸部宿禰秋時　無品内親王当年給、

無品内親王依准母儀不書名例

『郁芳門院、立后以前也、』寛治元年秋　当年給、臨時給、

通俊（藤原）記云、去女叙位之時、依殿下（藤原師実）仰不注名字、依准国母也、今亦如此、

同三年秋　当年給、

同四年春　当年給、

同年秋　当年給、

件年々他無品内親王多相並被任、皆注名字、

猶書名字例　尻付云、無品媞子内親王当年給、

寛治元年春　当年給、臨時給、

同二年秋　当年給、

同三年春　同、

今案、安元・治承之比、従三位平朝臣盛子、雖有准母儀之号、毎度被注名、可然歟、国母建春門院（平滋子）御存生之上、其身尤凡卑、不似寛治例、

『康平六』

丹波権掾正六位上大蔵朝臣末利　女御藤原朝臣歓子当年給、

伯耆大目従七位上田使真人安光　女御藤原朝臣歓子当年給、

女御藤原朝臣歓子家

正六位上大蔵朝臣末利

望諸国掾、丹波権、

従七位上田使真人安光

望諸国目、伯耆大、

右当年給、所請如件、

康平六年二月廿六日

不加姓尸例

治暦三　女御歓子当年給、

加姓不加尸例

康平七　女御藤原歓子、　同八　同人、臨時、

加尸不加姓例

康平七　女御歓子朝臣、　同八　同人、

治暦四　同人、

姓尸共書例　依為流例不注之、

『寛治二』

伊予大掾正六位上中原朝臣月里　女御道子(藤原)朝臣当年給、

『通俊(藤原)』

土左大目従七位上藤井宿禰重任　女御道子朝臣当年給、

女御道子朝臣家『一院（白河上皇）女御、未出家、』

正六位上中原朝臣月里

望伊予掾、

従七位上藤井宿禰重任

望土左目、

右当年給、所請如件、

寛治二年正月　日

大〔太キ〕上天皇女御例

昌泰元年　朱雀院（宇多上皇）女御義子（橘）朝臣臨時給、

『寛和二』伊勢大掾正六位上宮道朝臣忠光　恵子女王当年給、

伊勢大目従七位上秦宿禰常瀧　恵子女王当年給、

〔雅信キアリ〕

『永承二』備中権掾正六位上内蔵朝臣氏任　従一位源朝臣（倫子）当年給、

摂津権少目従七位上三宅宿禰安依　従一位源朝臣当年給、

『仁平元』近江少掾正六位上中原朝臣清正　従一位藤原朝臣当年給、

越中少目従七位下藤井宿禰秋次　従一位藤原朝臣当年給、

従一位藤原朝臣宗子家

正六位上中原朝臣清正

望諸国掾、近江少、

従七位上藤井宿禰秋次

望諸国目、越中少、

右当年給、所請如件、

仁平元年正月廿七日

准后書名字例　内親王例在端、

（藤原）『顕光』

治安元年　従一位源倫子朝臣当年給、

従一位源朝臣倫子臨時被申、

小野宮（藤原実資）・大二条（藤原教通）毎度不加名字、

承安四年秋　従三位平朝臣盛子当年給、

後々年皆同、

同位同姓人相並例

（藤原）『教長』

久安六年　従一位藤原朝臣全（全子）、当年給、

従一位藤原朝臣宗（宗子）、当年給、

依宇治左府（藤原頼長）命注之、」

親王　二分一人　一分一人 巡給年二合任三分、」

『承徳二』
土左大目従七位上紀朝臣武末　三品佳子内親王当年給、　〔俊房キアリ〕」
\（鉤点マヽ）
三品佳子内親王家
従七位上紀朝臣武末
望諸国目、土左、
右当年給、以件武末可被任之状、所請如件、
承徳二年正月廿五日別当散位従五位下藤原朝臣頼綱」

『永長元』
備前少目従七位上秦宿禰武末　無品祺〔禖ヒ〕子内親王当年給、　『（源）俊房』」
無品祺〔禖ヒ〕子内親王家
\
従七位上秦宿禰武末
望諸国目、備前、
右当年給、所請如件、
嘉保三年正月廿二日従四位下行主殿頭藤原朝臣公経」

『〔保ヵ〕□延元』

丹後権少目従七位上勝宿禰久永　三品聖恵法親王当年給、　『〔藤原〕宗忠』

三品聖恵法親王家

従七位上勝宿禰久永

望丹波、諸国目、

右当年給、所請如件、

長承四年正月廿六日権中納言従三位兼行右兵衛督藤原朝臣顕頼

或説、親王巡給年、任掾之外更不任目云々、可尋、此例外未見、

未給例在未給所、

巡給　准后人不入此列、

一説、毎親王作巡、仮令有同代親王十人者、隔九年当巡、代々親王各一人並任也、

一説、毎一族作巡、仮令有四代親王者、隔三年当巡也、近代用此説、

『長徳二』

参河権掾正六位上布勢宿禰時枝　中務卿〔具平〕親王巡給、

可勘巡年、件親王巡給当当年、

正六位上布勢宿禰時枝

望参河・美濃・美作・伊予等国掾、

右当年巡給二合、以時枝件国掾闕、所請如件、

長徳二年正月廿二日四品行中務卿作名親王

『長徳二』駿河掾正六位上河内宿禰永頼　(敦道)大宰帥親王巡給、

『同三』和泉権掾正六位上掃部宿禰永行　(為尊)弾正尹親王当年巡給、

『寛弘四』参河掾正六位上奈若宿禰弘吉　敦康親王当年巡給二合、

『延久元』讃岐権掾従七位上清原真人季吉　貞仁親王当年給、

『元永三』但馬少掾正六位上内蔵宿禰利国　無品顕仁親王当年巡給二合、

『可蒙別給宣旨給之人也、猶依其儀不下勘歟、可尋、』

無品顕仁親王家

正六位上内蔵宿禰利国

望諸国掾、但馬、

右当年給、以件利国所請如件、

元永三年正月廿六日

『保安二』備中大掾従七位上平群宿禰重光　無品顕仁親王当年給、

無品顕仁親王家

従七位上平群宿禰重光

望諸国掾、備中、

保安二年正月廿二日

伊予掾正六位上大中臣朝臣行重　入道師明親王当年巡給、　『(源)師房』

『他門袖書如此、』可勘巡当不、件親王巡給当今年、

入道師明親王家

正六位上大中臣朝臣行重

望伊予・周防等国掾闕、

右当年巡給、以件行重可被補任之状、所請如件、

承保三年正月廿日参議正二位行皇太后宮権大夫藤原朝臣師成

有官親王書官不書名、

無官親王雖当代皇子書名、是皆恒例也、

無品親王不加品例　内親王例存〔在キ〕准后所、

寛弘四年　敦康親王臨時給、

同七年　敦良親王当年巡給、

延久元年　在右、
承保二年　敦文親王当年巡給、
加品例　常例也、
寛徳元年　無品尊仁親王当年給、
保安元年　同二年　在右、

『天暦八』加賀大目正六位上壬生公利直　成子内親王当年巡給、〔清慎公キアリ〕

天暦三年
上野権少目佐伯常平　康子内親王当年巡給、
巡給年任目最有疑、但巡給年申任二分代内舎人有其例等、猶可尋、凡往古例無定法歟、

『天喜二』近江少掾従六位上矢作宿禰延清　無品儇子内親王当年給二合、
『治暦三』上総少掾正六位上大和宿禰永吉　栄子内親王当年巡給、
『延久二』紀伊大掾正六位上紀朝臣高親　(俊子内親王)斎宮当年巡給二合所任、
『嘉保元』播磨少掾正六位上百木部宿禰俊基　三品佳子内親王当年巡給二合、
『元永二』筑前少掾正六位上物部宿禰友末　三品佳子内親王当年給、

三品佳子内親王家

正六位上物部宿禰友末

望諸国掾、筑前、

右当年給二合、所請如件、

元永二年正月廿一日従四位下行文章博士兼因幡介藤原朝臣永実

近江大掾正六位上清原真人安光　無品禖子内親王当年巡給二合、　『(源)俊房』

可勘巡当不、件内親王巡給二合当々年、

無品禖子内親王家

正六位上清原真人安光

望諸国掾、近江大、

右当年巡給二合、所請如件、

応徳二年正月廿六日散位従五位上橘朝臣資成

非准后内親王掾・目各一人並任例

永承五　娟子内親王当年給、『有疑、可尋、』

延久元　佳子内親王当年給、

俊子内親王、、、

聡子内親王、、、

篤子内親王、、、

已上四人当代親王也、践祚初如此、後々年不然、」

『永久四』

丹波大掾従七位上酒人宿禰久末 覚法〔法脱カ〕親王当年巡給二合、」

可勘巡年、件親王当年給未補、

覚法法親王家

＼
従七位上酒人宿禰久末

望諸国掾、丹波大、

右当年御給、所請如件、

永久四年正月卅日」

『保安元』

武蔵大掾従七位上平朝臣助久 覚法法親王当年給二合、」

覚法法親王

＼
従七位上平朝臣助久

右当年給、所請如件、武蔵掾、

元永三年正月廿五日」

『建久七』

丹後大掾従七位上藤井宿禰久友 二品守覚法親王当年巡給二合、」

可勘巡年、件親王巡給当今年、
二品守覚法親王家
従七位上藤井宿禰久友
望諸国掾、丹後、
右当年巡給、所請如件、
建久七年正月廿六日別当正二位行権大納言藤原朝臣定能

親王巡給下勘例
長徳二　　永久四　已上見端、
長治二　(殿暦)御記云、法親王申文近年左府(源俊房)不下勘任之、如何、仍奏事由下勘之、
大治二　御記云、執筆(藤原)為隆不下勘法親王二合任之、大失也、(法性寺関白記)
不下勘例
元永二　佳子、　保安元　顕仁、、覚法、、
同二　顕仁、、已上見端、
保安元　佳子、件申文不載巡給幷二合字、
『他門』延久四年　実仁、当年巡給、載申文、(藤原)俊家
承保三年　敦文、申文無巡給二合字、申掾任之、(源)師房

元〔兄歟〕弟親王同年任巡給例

天暦八年

常陸少掾井原有利　前式部卿親王〔敦実〕当年巡給二合、

加賀大目壬生利直　成子内親王当年巡給、

已上寛平〔宇多天皇〕親王也、

長元〔マヽ〕二年

丹後権掾守部光武　兵部卿親王〔敦平〕当年巡給、

讃岐権掾橘光国　中務卿親王〔敦儀〕当年巡給二合、

已上三条院親王也、

寛徳元年

信濃掾秦今武　無品禖子内親王当年給二合、

伊賀掾大中臣光頼　無品尊仁親王当年給二合、

已上後朱雀院親王也、

代々親王一年中交任例

延喜三年

備後掾布施千春　恬子内親王当年巡給二合、　文徳

『巡給目如何、』丹後権少目高田春雄　元平親王宗〔当キ〕年巡給、　陽成

『同、』伊勢権大目村公当世　簡子内親王当年給二合、　光孝

備後権掾紀房法　孚子内親王当年巡給、　(宇多天皇)寛平

同十三年

肥後権少掾源滋　依子内親王当年巡給二合、　寛平

備中権掾山背当氏　都子内親王当年巡給二合、　(醍醐天皇)延喜

永観二年

備中権掾在原季信　式部卿親王為平当年給二合、　(村上天皇)天暦

大和少掾紀忠宗　弾正尹親王当年給二合、〇キ本ココニ「為尊」アリ、誤リ、　冷泉

権少掾海常忠　懐仁親王当年給二合、　円融

長徳二年

参河権掾布施時枝　中務卿親王具平巡給、　天暦

駿河掾河内永頼　大宰帥親王敦道巡給、　冷泉

別巡給　今上后腹親王給之、別巡給当例巡給者、相並任之、

若有数人者、不論男女作巡給之、仮令有三人者、隔二年当巡、

『長徳二』土左権掾正六位上壬生宿禰弘重　(選子内親王)斎院別巡給、

可勘巡年、件院別巡給当当年、

斎院

正六位上壬生宿禰弘重

望美濃・土左等国掾、

右当年別巡給二合、以件弘重所請如件、

長徳二年正月廿日別当従三位行左京大夫源朝臣（泰清）作名

「（藤原）『実資』」

『治安三』

越前少掾従七位上角宿禰国武（選子内親王）斎院当年別巡給二合、

『他家説袖書如此、』

可勘当不、件院別巡給二合当今年、

斎院

従七位上角宿禰国武

望信濃・越前等掾、

右当年別巡給二合、以国武可被任信濃・越前等掾之状、所請如件、

治安三年二月五日参議正三位行左大弁兼伊予守藤原朝臣（朝経）作名

『寛弘七』

但馬掾正六位上文室宿禰興茂敦良親王当年別巡給、

『長元四』

近江権大掾従七位上軽我孫公理行無品馨子内親王当年別巡給二合、

但馬掾正六位上伴朝臣国房　敦文親王別巡給、

『承保二』

別巡給・例巡給相並任例

寛弘八年

但馬掾文室興茂　敦良親王当年別巡給、

阿波掾秦貞友　敦良親王当年巡給、

長元二年

伊賀掾荒田部光安　（敦良親王）東宮長和五年別巡給、

甲斐掾秦成信　東宮長和五年巡給、

長暦三年

大和掾大江広頼　無品尊仁親王当年別巡給二合、

尾張掾菅原明高　無品尊仁親王当年巡給二合、

承保二年

但馬掾伴国房　敦文親王別巡給、

阿波掾佐伯俊正　敦文親王当年巡給、

長元四年

近江掾軽理行　無品馨子内親王当年別巡給二合、

信濃掾宇保〔治キ〕信光　無品馨子内親王当年巡給二合、

『例』
無品康子内親王
無品寛明親王
右左大臣(藤原忠平)宣、奉　勅、件両親王隔年逓別給諸国目壱人・史生壱人者、
延長三年正月廿八日大外記伴宿禰久永奉

敦良親王
『一人別巡給如何、』
左大臣(藤原道長)宣、奉　勅、宜従当年預巡給并別巡給者、
寛弘七年二月十四日主税頭兼大外記滋野朝臣善言奉

尊仁親王
良子内親王
娟子内親王
内大臣(藤原教通)宣、奉　勅、件等親王従今年宣預巡給・別巡給者、
長暦二年正月五日主税〔計カ〕〔頭キアリ〕兼大外記助教美作権介清原真人頼隆奉

『所被任皆別給也、如何、』
善仁親王
令子内親王
権大納言兼太皇〔太キ〕大后宮大夫源朝臣俊房宣、奉　勅、件等親王従今年宜預巡給・別巡給者、
承暦四年正月廿六日大外記兼主税助助教清原真人(定俊)奉
案之、親王年給二分・一分各一人也、次第作巡二合、是則例巡給也、而后腹親王等、本年給之外、別給二分・一分各一人、兄弟作巡二合、是別巡給也、仍例巡給相並任之無妨也、但同時任掾二人過院宮給、如何、」
別給　今上后腹第一親王給之、毎年給也、別給人不入別巡給例、
若后腹親王有二人者、一人別給、一人可為巡給歟、別給二人無其例、一身依難作巡、不可預別巡給歟、」
『長保元』
尾張権掾正六位上美努宿禰能長　『為平』式部卿親王当年別給二合所任、」
『永保三』
近江少掾正六位上内蔵宿禰正道　善仁親王当年別給、　(源)『俊房』」
無品善仁親王家
正六位上内蔵宿禰正道
望諸国掾、近江少、
右当年別給、以件正道所請如件、

永保三年正月廿九日

正二位行権中納言兼皇〔太キ〕大后宮大夫左衛門督源朝臣師忠」

『建久七』

播磨大掾正六位上藤井宿禰満安（後鳥羽天皇）今上第一内親王当年別給二合、」

無品昇子内親王家

＼正六位上藤井宿禰満安

望諸国掾、播磨、

右当年別給、所請如件、

建久七年正月廿六日別当参議従三位行左大弁兼勘〔由キアリ〕解長官越前権守藤原朝臣宗頼

『例』

無品為平親王

右右（藤原顕忠）大臣宣、奉　勅、件親王宜毎年別給諸国目壱人・史生壱人者、

康保二年正月廿九日大外記兼主税権助備後権介御船宿禰傳説奉

案之、后腹第一親王年給例巡給也、之外、別給二分・一分各一人、毎年二合任掾也、不作巡也、別給人不入別巡給之例、於例巡給猶相並給之、

同日蔵人頭右近衛中将源朝臣延光伝仰云、除預別給為平親王之外、宜充当代別巡給者、」

女御尚侍　二分一人　一分一人
二合年限不定云々、

『天暦八』周防権掾正六位上佐伯宿禰安秀　『従二位』(藤原)女御安子朝臣当年給二合、　(藤原実頼)『清慎』

『長徳三』近江大掾正六位上河内宿禰行斉(業ヒ)　『従二位』(藤原)女御元子当年給二合、

『寛弘四』越前権少目従七位下興道宿禰傅済(伝ヒ)　『従二位』(藤原)女御義子当年給、

『同』備中掾正六位上日奉宿禰興頼　『従三位』(藤原)尚侍妍子当年給二合、

『長徳二』山城権大目正六位上江沼宿禰富基　尚侍藤原朝臣(綏子)当年給、

尚侍正三位藤原朝臣家
正六位上江沼宿禰富基
望山城権大目、
右当年給二分、以件富基可被任件国目之状如件、
長徳二年正月廿二日散位従五位下藤原守人

『治安三』
『可勘二合年可書歟、
但問有此例歟、』

伊予掾正六位上越智宿禰助時　尚侍藤原朝臣妧子当年給二合所任、〔婉カ〕　(藤原)『実資』
『此袖書小野宮(実資)説也、』
可勘当不、件尚侍当年給二合当今年、
『常説、可勘二合年、』

尚侍従二位藤原朝臣婉子家　『円融院尚侍、天延四年任、』

正六位上越智宿禰助時

望伊予掾、

右当年給二合、所請如件、

治安三年正月廿二日従四位上行下野介藤原朝臣兼貞

女御給年々

元子（藤原） 長徳元、掾、 長保元、掾、 同二、二分代、

寛弘七、目、

義子（藤原） 長徳三、掾、 同四、目、 長保元、掾、

寛弘七、目、

尚侍給年々

綏子（藤原） 正暦五、掾、 長徳二、掾、 同三、掾、

同四、掾、

妧子〔娍カ〕（藤原） 長徳四、目、 長保元、目、

妍子（藤原） 寛弘四、掾、 同七、目、

典侍

『天元四秋』

陸奥権大目正六位上陽侯宿禰内成　典侍妃子朝臣当年給、　（源）『雅信』

（奥書）「大間成文抄第一、依為大巻、分両巻畢、仍付上下者也、
明応三年正月日准三宮（九条政基）（花押）」

(表紙外題、九条道房筆)「大間成文抄第一下　春外国一下」

(旧表紙袖書、九条政基筆)「当年給

二合

臨時給諸卿

未給　」

(旧表紙副紙、九条政基筆)「大間成文抄第一下　春外国一下

当年給　」

公卿

大臣　太政大臣　二分一人　一分三人
　　　左右大臣　二分一人　一分二人　」

『永久四』

越前大目従七位上上毛野朝臣延国　関白当年給、　」

\従七位上上毛野朝臣延国

望諸国目、越前大、

右当年給、所請如件、

永久四年正月廿八日関白従一位藤原朝臣忠（実）―

雖関白注大臣例　（藤原）実資・（源）師房大臣用此説、

『宇治殿（藤原頼通）、関白左大臣、』長元四年　左大臣当年給、後々年皆同、

『宇治殿、関白太政大臣、』康平五年　太政大臣当年給二合、

雖大臣注関白例　（藤原）俊家・（源）俊房大臣用之、

『大二条（藤原教通）、関白太政大臣、』（コノ時左大臣）延久元年　関白天喜四年、、、、　名国替也、

関白長暦四年、、、、　〔符キアリ〕任返上也、

『同、』同二年秋　関白永承三年給二合、

『六条（藤原基実）、関白左大臣、』応保二年　関白当年給、後々年皆同、

『長保元』摂津権少目正六位上島田朝臣種忠　左大臣当年給、

『自給』正六位上嶋田朝臣種忠

望山城・美濃等国目、摂津権少目、

右当年給、以件種忠所請如件、

長保元年正月廿八日左大臣正二位藤原朝臣道（長）―　」

『安元二』美作目従七位上中原朝臣国弘　右大臣当年給、　」

『同』＼従七位上中原朝臣国弘

望諸国目、美作、

右当年給、所請如件、

安元二年正月廿八日従一位行右大臣藤原朝臣兼（実）―　」

『保安二』播磨目従七位上矢田部宿禰久恒　内大臣当年給、　」

『同』＼従七位上矢田部宿禰久恒

望播磨大目、

右当年給、所請如件、

保安二年正月廿二日内大臣正二位兼行左近衛大将藤原朝臣忠（通）―　」

『元永二』越前少目従七位上藤井宿禰国次　忠通当年給、　」

＼従七位上藤井宿禰国次

望諸国目、越前少、

右当年給、所請如件、

元永二年正月廿二日内大臣正二位藤原朝臣忠通

自給書名例

康平八　延久元　同五

嘉保元　保延三　治承三　当年、臨時、

同四　長治二秋　未給、

書官例　依為流例不注之、

兼大将之大臣注大将例　非常説、

長徳三　『内大臣（藤原）公季』左大将当年給、

納言　二分一人　一分一人

駿河大目正六位上建部宿禰忠信　大納言源朝臣当年給、

『長保二』

正六位上建部宿禰忠信

望諸国目闕、駿河大、

右当年給、所請如件、

長保二年正月廿日大納言正三位兼行陸奥出羽按察使源朝臣時中

『〔正キ〕□大納言此外道綱（藤原）卿許也、姓依不混、不書兼官歟、』

『永久四』　丹波権少目従七位上橘朝臣末重　権大納言源朝臣当年給、

『四姓任目例 (源)俊房大臣不任云々、』

従七位上橘朝臣末重

『但直物次、削橘朝臣為立花宿禰、然者猶不可任歟、』

望諸国目、　丹後権少、

右当年給、以件末重可被任之状、所請如件、

永久四年正月廿八日正二位行権大納言源朝臣雅俊

『長治二』　若狭少目従七位上安倍朝臣安国　右大将藤原朝臣当年給、

従七位上安倍朝臣安国

望諸国目、　若狭少、

右当年給、所請如件、

長治二年正月廿三日正二位行権大納言兼右近衛大将藤原朝臣家忠

左近衛大将例　右同、

保安元　未給、両所、

左近大将例

康平八(七ヵ)　治承二　同四

左大将例

長徳二　同三　内大臣（藤原）公季也、不加姓尸、　同四　寛弘七

寛徳元　永承元　同二　長治二

永久四　久寿二

『延久二』

美作大目従七位上春日宿禰重武　按察源朝臣当年給、

従七位上春日宿禰重武

望美作目、大、

右当年給、以件重武所請如件、

延久二年正月廿四日正二位行権大納言兼陸奥出羽按察使源朝臣隆国

按察使例

延久三　二合、　同五　未給、両所、

不加使例

長久五　二合、　永承二

同五

『元永二』

讃岐少目従七位上中臣宿禰武友　民部卿藤原朝臣当年給、

従\七位上中臣宿禰武友
望諸国目、讃岐、
右当年給、所請如件、
元永三〔二〕年正月廿日正二位行権大納言兼民部卿中宮大夫藤原朝臣宗通」

『安元二』

周防大目従七位上藤井宿禰貞友　太皇大〔太ナ〕后宮大夫藤原朝臣当年給、」
従\七位上藤井宿禰貞友
望諸国目、周防大、
右当年給、所請如件、
安元二年正月廿八日正二位行権大納言兼大〔太ナ〕皇大〔太ヒ〕后宮大夫藤原朝臣公保」

『康平六』

美濃少目正六位上藤井真人守秋　春宮大夫藤原朝臣当年給、」
正\六位上藤井真人守秋
望諸国目、美濃少、
右当年給、以件守秋可被任之状如件、
康平六年二月廿三日正二位行権大納言兼春宮大夫藤原朝臣能信」

『永久四』

尾張少目従七位上大原真人武国　権中納言源朝臣能、当年給、」

＼従七位上大原真人武国

望諸国目、尾張少、

右当年給、所請如件、

永久四年正月廿八日正三位行権中納言源朝臣能俊」

『寛弘七』

紀伊大目従七位上忌部宿禰氏正　弾正尹藤原朝臣当年給、」

＼従七位上忌部宿禰氏正

望諸国目、紀伊、

右当年給、所請如件、

寛弘七年二月十四日正三位行〔権キアリ〕中納言兼弾正尹藤原朝臣時光」

『康平二』

下野権大目正六位上物部宿禰重武　春宮権大夫藤原朝臣当年給、」

＼正六位上物部宿禰重武

望諸国目、下野権大、

右当年給、所請如件、

康平二年正月廿九日正二位行権中納言兼春宮権大夫藤原朝臣兼頼」

『延久元』
土左権少目従七位上坂上大宿禰武光　宮内卿源朝臣当年給、
　従七位上坂上大宿禰武光
　　望諸国目、土左、
右当年給、所請如件、
　　治暦五年正月廿五日正二位行権中納言兼宮内卿源朝臣経長

『元永二』
因幡少目従七位上藤井宿禰有次　治部卿源朝臣当年給、
　従七位上藤井宿禰有次
　　望諸国目、因幡少、
右当年給、所請如件、
　　元永二年正月廿二日正三位行権中納言兼治部卿源朝臣能俊

『同』
『雖無尸任例』
讃岐少目従八位上荒田宿禰儀藤　右衛門督源朝臣当年給、
　従八位上荒田儀藤
　　望諸国大目、讃岐少、
右当年給、所請如件、
　　元永二年正月廿二日正二位行中納言兼皇后宮権大夫右衛門督源朝臣顕通

『永久四』

備中少目従七位上秦宿禰延国 右兵衛督藤原朝臣当年給、

従七位上秦宿禰延国

望諸国目闕、備中少、

右当年給、所請如件、

永久四年正月廿八日正二〔三キ〕位行権中納言兼大〔太ヒ〕皇大〔太ヒ〕后宮大夫右兵衛督藤原朝臣忠教

『仁平元』

因幡少目従七位上藤井宿禰成吉 大宰権帥藤原朝臣当年給、

従七位上藤井宿禰成吉

望諸国目、因幡少、

右当年給、所請如件、

仁平元年正月廿七日従二位行権中納言兼大宰権帥藤原朝臣清隆

『昌泰元』

豊前少目従七位上蓼原連房継 権帥藤原（国経）朝臣当年給、 『（藤原）時平』

帥・大弐中任西海掾・目及大宰監・典等之時、尻付如此、

参議　二分一人　一分一人

『永承四』

長門少目従七位上文室真人信通 参議藤原朝臣行、当年給、

従七位上文室真人信通

望諸国目闕、長門少、

右当年給、所請如件、

永承四年二月三日参議従三位兼備後権守藤原朝臣行経」

『同』

出雲目正六位上紀朝臣重守 参議藤原朝臣季、当年給、

正六位上紀朝臣重守

望諸国目闕、出雲、

右当年給、所請如件、

永承四年二月三日参議従三位兼美作権守藤原朝臣経季」

同官同姓人尻付事

各注名片字、名字又有同字者、不論上下字、以不混字書之、上字同者両人共書下字、無書兼国之例、」

『長保元』

大和権大目従七位上清原真人清方 右衛門督藤原朝臣当年給、

従七位上清原真人清方」

望大和・摂津等国大目闕、
右当年給二分、以件清方所請如件、
長保元年正月廿七日参議従二〔三〕位行皇后宮大夫兼勘解由長官右衛門督備前権守藤原朝臣公任」

『長徳四』
紀伊権大目従六位上清原真人清光　式部大輔菅原朝臣当年給、」
従七位上清原真人清光
望諸国目闕、紀伊権大、
右当年給、所請如件、
長徳四年正月廿一日参議従二〔三ヵ〕位行式部大輔兼大和権守菅原朝臣輔正」

『寛弘四』
美作大目正六位上物部宿禰清武　大蔵卿藤原朝臣当年給、」
正六位上物部宿禰清武
望諸国目、美作大、
右当年給、所請如件、
寛弘四年正月廿六日参議従三位行大蔵卿藤原朝臣正光」

『康平二』
安藝大目従七位上清原真人是光　勘解由長官源朝臣当年給、」

＼従七位上清原真人是光
望諸国目、安藝大、
右当年給、所請如件、
康平二年正月廿九日参議従二位行勘解由長官兼美作権守源朝臣資通

『康平六』

安藝少目従七位上宇治宿禰有吉　侍従源朝臣当年給、
＼従七位上宇治宿禰有吉
望諸国目闕、安藝少、
右当年給、所請如件、
康平六年二月廿三日参議従二位行侍従兼備中権守源朝臣基平

『嘉保元』

美濃権目従七位上藤井宿禰光末　左大弁大江朝臣当年給、
＼従七位上藤井宿禰光末
望諸国目、美濃権、
右当年給、所請如件、
寛治八年二月十八日参議正三位行左大弁式部大輔勘解由長官兼越前権守大江朝臣匡房

『康平四』

出雲少目従七位上藤井宿禰成武　右京大夫源朝臣当年給、

＼従七位上藤井宿禰成武

望諸国目闕、出雲、

右当年給、以件成武所請如件、

康平四年二月廿六日参議従三位行皇大(太キ)后宮権大夫兼右京大夫備前守源朝臣資綱

『長治二』

上野少目従七位上三宅宿禰武重(里キ)　右近中将源朝臣雅、当年給、

＼従七位上三宅宿禰武重(里キ)

望諸国目、上野少、

右当年給、所請如件、

長治二年正月廿二日参議従三位行右近衛権中将兼播磨権守源朝臣顕雅

于時顕通(源)参議右中将也、上﨟、仍下﨟書名下字、今度無顕通中文、

『元永二』

安藝少目従七位上安倍朝臣重成　左近権中将藤原朝臣実、当年給、

＼従七位上安倍朝臣重成

望諸国目、安藝少、

右当年給、所請如件、

『件人今度任中納言、』元永二年正月廿二日参議従三位行左近衛権中将兼播磨権守藤原朝臣実隆」

『元永二』

淡路少目従七位上大栗宿禰延末　右近権中将藤原朝臣当年給、」

従七位上大栗宿禰延末

望諸国目、淡路少、

右当年給、所請如件、

『同二月移左近、』

元永二年正月廿一日（二キ）参議従三位中宮権大夫兼右近衛権中将近江権守藤原朝臣通季

于時（源）顕雅卿雖為右中将、依姓〔不キ〕右混不書中宮権大夫歟、」

但保安二年雖無可混之人、猶書中宮権大夫、（藤原）信通卒去後、」

『保安元』
『落尸不難例』

備後少目従七位上秦宿禰清任　中宮権大夫藤原朝臣当年給、」

従七位上秦清任

望諸国目闕、備後、

右当年給、所請如件、

元永三年正月廿五日参議従〔三キ〕二位行中宮権大夫兼左近衛権□〔中キ〕将近江権守藤原朝臣通季

依混信通、書中宮権大夫歟、」

『保安元』
尾張少目従七位上物部宿禰是友　左近衛権中将藤原朝臣当年給、
従七位上物部宿禰是友
望諸国目、尾張、
右当年給、所請如件、
元永三年正月廿六日参議従三位行左近衛権中将藤原朝臣信通

左近衛権中将例　右在此中、
永久四　保安元　左右各一人、　同二
安元二
左近衛中将例
康平二　治暦四　延久元
同二　同五　承保二
左近権中将例
永承二　同五　嘉保元
元永二　左二人、右一人、
左近中将例
長徳二　永承元　天喜二

同五　　康平元　　同八

承保二　　嘉保元　　長治二

保安元　未給、　久寿元

左中将例

久寿二

○キ本ココニ「正説・略説可依事、」アリ、

『永久四』

尾張少目従七位上藤井宿禰酒吉　参議実行朝臣当年給、

従七位上藤井宿禰酒吉

望諸国目、尾張少、

右当年給、所請如件、

永久四年正月廿八日参議正四位下藤原朝臣実行

『同』

伊予少目従七位上清原真人今成　信通朝臣当年給、『直物次改成為武、』

従七位上清原真人今武

望諸国目、伊与少、

右当年給、所請如件、

永久四年正月廿九日参議正四位下行左近衛権中将藤原朝臣信通

四位宰相加官例

天嘉「喜歟」二　参議(源)資綱朝臣　〔太脱〕皇后宮権大夫、

延久三　参議(源)隆綱朝臣　〔右〕左中将、

仁平元　参議(藤原)資信朝臣　左大弁、

参議(藤原)経宗朝臣　左中将、

久寿元　参議(藤原)資信朝臣　左大弁、

参議(藤原)朝隆朝臣　右大弁、

参議(藤原)為通朝臣　中宮権大夫、

已上雖有他兼官、只書参議、

不書官例

長徳三　(藤原)斉信朝臣、(藤原)公任朝臣、

(藤原)誠信朝臣、(源)俊賢朝臣、

同四　公任朝臣、(源)扶義朝臣、

俊賢朝臣、

長保元　斉信朝臣、俊賢朝臣、

同二　(藤原)忠輔朝臣、斉信朝臣、
俊賢朝臣、

治暦四　(藤原)宗俊朝臣、

延久二　隆綱朝臣、

保延三　(藤原)季成朝臣、(藤原)忠基朝臣、
(藤原)重通朝臣、(藤原)宗成朝臣、

四位参議同人献申文二通事　当年給、名替・国替等也、

永久四春　件当年給後日被止了、
(藤原)通季朝臣給、当年給所在端、加参議字、五節給所在奥、不加参議字也、有両所之時、奥不加官、故実云々、

但両所不加官、多其例、両所共書官、曾無其例、

二合　合二分一人・一分一人任三分、謂之二合、参議不二合、

大臣　隔年二合、新任次年初任之、但外官除目以前任大臣者、其年即二合、

『仁平元』
備前大掾正六位上藤井宿禰国次　関白当年給二合所任、
『依不候座下勘例但候簾中給歟、』　可勘二合年、件二合当今年、

＼正六位上藤井宿禰国次

望諸国掾、備前大、

右当年給、「二合字落歟、」所請如件、

仁平元年正月廿七日関白従一位藤原朝臣忠(通)

『久寿二』
『同』

備中大掾正六位上丹生宿禰行光「光行」　太政大臣当年給二合、

可勘二合年、件大臣給今年当二合年、

＼正六位上丹生宿禰光行(行光ヵ)

望諸国掾、備中大、

右当年給二合、所請如件、

久寿二年正月廿五日太政大臣従一位藤原朝臣実行

『建久七』
『同』

備中少掾従七位上上道朝臣国次　左大臣当年給二合、

可勘二合年、件大臣二合給当今年、

＼従七位上上道朝臣国次

望諸国掾、備中、

右当年給二合、所請如件、

建久七年正月廿五日左大臣正二位藤原朝臣実房」

『建久七』
備前大掾従七位上秦宿禰有末　関白当年給二合所任、」
『依候座不下勘例』
＼従七位上秦宿禰有末
望諸国掾、備前、
右当年給二合、所請如件、
建久七年正月廿六日関白従一位藤原朝臣兼（実）―」

『長治二』
但馬少掾正六位上藤井宿禰守次　内大臣当年給二合、」
『依候座不下勘例』
＼正六位上藤井宿禰守次
望諸国掾、但馬少、
右当年給二合、以件守次所請如件、
長治二年正月廿五日内大臣正二位兼行左近衛大将藤原〔源〕朝臣雅実」

『同』
越前少掾従七位上紀朝臣安重　右大臣当年給二合、」
『自給不下勘例』
＼従七位上紀朝臣安重
望諸国掾、越前少、

右当年給二合、以件安重所請如件、
長治二年正月廿三日右大臣正二位皇太子傅藤原朝臣忠□〔｜キ〕（実）」

『永久四』美作大掾従七位上小野宿禰則貞　内大臣当年二合、
『同』＼従七位上小野宿禰則貞
望諸国掾、美作大、」
右当年給二合、以件則貞所請如件、
永久四年正月廿八日内大臣正二位藤原朝臣忠（通）｜」

『治承三』備中少掾従七位上安倍朝臣国久　兼（実）、当年給二合、
『同』＼従七位上安倍朝臣国久
望諸国掾、〔備ヒ〕越中少、」
右当年給二合、所請如件、
治承三年正月十七日従一位行右大臣藤原朝臣兼（実）｜」

『保安元』伊予大掾正六位上高橋朝臣武里　内大臣当年給二合、
『自給下勘例』可勘二合年、件大臣二合給当今年、」

正六位上高橋朝臣武里
望諸国掾、伊予、
右当年給二合、所請如件、
元永三年正月廿六日内大臣正二位兼行左近衛大将藤原朝臣忠（通）

『久寿二』
播磨少掾正六位上惟宗朝臣忠久　左大臣当年二合、
『同』
可勘二合年、件大臣給今年当二合年、
正六位上惟宗朝臣忠久　左京人、
望播磨掾（少、）闕、
右当年給一〔二キ〕合、可被任之状、所請如件、
久寿二年正月廿六日従一位左大臣藤原朝臣頼長

『仁平元』
美作大掾正六位上紀朝臣盛沢　内大臣当年給二合所任、
『去年任大臣不下勘例俊房（源）説同之、』
正六位上紀朝臣盛沢
望美作大掾、
右当年給二合、以件盛沢所請如件、
不候座、
仁平元年正月廿七日内大臣正二位兼行右近衛大将藤原朝臣実能

『永保三』　加賀大掾従七位上大秦宿禰石常　内大臣当年給二合、〔俊房キアリ〕」

『同』　従七位上大秦宿禰石常

望加賀掾、大、

右当年給二合、所請如件、

『不候座、』永保三年正月十九〔廿キ〕日内大臣正二位兼行左近衛大将藤原朝臣師（通）—

不加当年字例　○キ本ココニ「不甘心事也、」アリ、

延久五春　（藤原）師実給二合、（藤原信長）内大臣給二合所任、春宮大夫藤原朝臣（能長）給二合、

二合之外之給有当年字、」

納言　隔四年二合、」

『永久四』　備後権掾正六位上豊原朝臣有廉　右大将藤原朝臣当年二合、」

可勘二合年、件卿二合給当今年、

正六位上豊原朝臣有廉

望諸国掾、備後権、

右当年給二合、所請如件、

永久四年正月廿八日正二位行大納言兼右近衛大将皇后宮大夫藤原朝臣家忠

『治承二』

周防少掾従七位上藤井宿禰兼直　左近大将藤原朝臣当年給二合、

可勘二合年、　件卿給二合当今年、

従七位上藤井宿禰兼直

望諸国掾、　周防少、

右当年給二合、以件兼直可被拝任之状、所請如件、

『件人去年還任大納言、』治承二年正月廿四日正二位行大納言兼左近衛大将藤原朝臣実定

『永久四』

信濃少掾正六位上美努宿禰包光　治部卿源朝臣当年二合、

可勘二合年、　件卿給二合当今年、

正七位上美努宿禰包光

望諸国掾、　信濃少、

右当年給二合、所請如件、

永久四年正月廿八日従二位行権中納言兼治部卿源朝臣基綱

『長徳二』

伊賀権掾正六位上依智秦宿禰正頼　右衛門督藤原朝臣当年給、

『去年任納言下勘例』

可勘二合年、件卿去年任中納言、仍当年給可二合、

正\六位上依智秦宿禰正頼 右京人、

望伊賀掾、

右当年給二合、以件正頼所請如件、

長徳二年正月廿三日権中納言兼行大〔太ナ〕皇大〔太ナ〕后宮大夫右衛門督藤原朝臣実資

『□〔永キ〕久四』

『同』

相模少掾従七位上藤井宿禰行里 権中納言源朝臣重、当年給二合所任、

可勘二合年、件卿二合当今年、

従\七位上藤井宿禰行里

望諸国掾、相模少、

右当年給二合、所請如件、

永久四年正月廿八日正三〔位キアリ〕行権中納言源朝臣重資

『治承四』

『同』

加賀大掾従七位上秦宿禰恒里 右近大将藤原朝臣当年給二合、

可勘二合年、件卿二合当今年、

従\七位上秦宿禰恒里

望諸国掾、加賀大、

右当年給二合、所請如件、

治承四年正月廿六日従二位行権中納言兼右近衛大将藤原朝臣良通

『仁平四』
加賀大掾従七位上草部宿禰松久　皇后宮権大夫藤原朝臣当年給二合、

『去年任納言不下勘例』
従七位上草部宿禰松久　左京人、

望播磨掾、　加賀大、

右当年給二合、所請如件、

仁平四年正月廿一日正二位行権中納言兼右近衛中将皇后宮権大夫藤原朝臣兼長

『寛治七』
加賀少掾正六位上秦宿禰長里　右近衛中将藤原朝臣当年給二合、　（源）『俊房』

『同』
正六位上秦宿禰長里

望加賀国掾、　少、

右当年給二合、所請如件、

寛治七年正月廿七日従二位行権中納言兼右近衛権中将藤原朝臣忠実

越後掾正六位上安部（倍）朝臣頼武　権中納言藤原朝臣当年給二合、　（藤原）『頼宗』

『小野宮（藤原実資）袖書如此、』
可勘当否、　件卿当年給二合未補、

『普通可勘二合年、』

正六位上安倍朝臣頼武

望播磨・越後等国掾、

右当年給二合、以件頼武可被任之状、所請如件、

天喜三年正月廿六日正二位行権中納言藤原朝臣俊家　」

『延久四』

『納言執筆自給』

土左大掾正六位上藤原朝臣光近　俊家当年給二合、　『俊家』　」

可勘二合年、件卿二合給当当年、

正六位上紀朝臣光近

望周防・土左等国掾、

右当年給二合、以件光近可被任之状、所請如件、

延久四年正月廿九日正二位行権大納言兼民部卿藤原朝臣俊家

納言執筆時自給事

二合必下勘之、

又必書名字、　」

五節二合　大臣以下雖参議、献五節次年必二合、　」

『注当年例』
『長保元』　讃岐掾正六位上秦忌寸邦成　（藤原公季）内大臣当年給依献五節舞姫二合、

『長徳四』　肥後少掾正六位上平朝臣清忠　（懐忠）民部卿藤原朝臣当年給依献五節舞姫二合、

『去年・当年共注例』
『同』　美濃大掾正六位上藤原朝臣信時　（藤原）斉信朝臣当年給依献去年五節舞姫二合、

『康平七』　阿波掾正六位上坂上宿禰松依　権中納言藤原朝臣（忠家カ）依去年献五節舞姫当年給二合、

『去年・当年共不注例』
『長保元秋』　讃岐掾正六位上船木宿禰種守　中納言平朝臣（惟仲）給依献五節舞姫二合所任、

『長治二』　備後少掾正六位上丹波朝臣国光　権中納言藤原朝臣依献五節二合所任、

『納言二合或下勘例』
可勘二合年、　件卿去年献五節舞姫、仍今年当二合年、

正\
六位上丹波朝臣国光
望諸国掾、　備後少、
右去年依献五節舞姫、当年給二合、所請如件、
長治二年正月廿三日正二位行権中納言藤原朝臣仲実

『注去年例』
『長保二』　肥前掾正六位上県宿禰長邦　『長保元年献五節、』　中納言藤原朝臣（実資）依献去年五節舞姫二合、

『康平五』　備後掾従七位上上毛野宿禰安国　『康平四年献五節、』　権中納言源朝臣（俊房カ）去年依献五節舞姫二合、

『長治二』　阿波少掾従七位上桜島宿禰兼重　『長治元年献五節、』　左衛門督源朝臣去年依献五節二合所任、

『納言二合下勘例』
可勘二合年、件卿去年献五節舞姫、仍今年当二合年、
＼従七位上桜島宿禰兼重
望諸国掾、阿波少、
右去年依献五節舞姫、当年給二合、所請如件、
長治二年正月廿三日正二位行権中納言兼春宮権大夫右〔左キ〕衛門督源朝臣雅俊

『保安元』
美濃少掾従七位上藤原朝臣秋霧　雅定朝臣去年依献五節舞姫二合所任、
『参議二合更無下勘例』
＼従七位上藤井〔原〕宿禰秋霧
望諸国大掾、美濃、
右依去年献五節舞姫、当年給二合、可被任之状、所請如件、
元永三年正月廿六日参議正四位下行左〔右〕近衛権中将源朝臣雅定

『去年加給字例』『永承二』
播磨少掾正六位上三宅朝臣光平　右兵衛督藤原（良頼）朝臣去年給依献五節舞姫二合所任、
○キ本ココニ「永承元年献五節、」アリ、

『同』
因幡掾正六位上服宿禰得里　左大弁源（資通）朝臣去年給依〔献脱カ〕五節舞姫二合所任、

『保安二』『納言二合不下勘例』
淡路大掾正六位上大宅朝臣守友　治部卿源朝臣去年給依献五節舞姫二合、
＼正六位上大宅朝臣守久
『常例也、』
望諸国掾、淡路大、

右依去年献五節舞姫、当年給二合、所請如件、

保安二年正月廿二日従二位行権中納言兼治部卿中宮大夫源朝臣能俊

『永久四』

美濃少掾従七位上綾部宿禰力里　通季朝臣去年給依献五節舞姫二合所任、

『参議二合不下勘也、』

従七位上綾部宿禰力里

望諸国掾、　美作〔濃ナ〕少、

右去年依献五節舞姫二合、所請如件、

永久四年正月廿八日参議正四位下行右近衛中将兼備前権介藤原朝臣通季

臨時給

内給

『長徳二』

播磨少掾正六位上播磨造延行　臨時内給、

臨時内給、袖書、

正六位上播磨造延行

望播磨少掾、

長徳二年正月廿三日

『同四』
甲斐権少目正六位上六人部宿禰茂興　臨時内給、
臨時内給、
正六位上六人部宿禰茂興
望諸国目、甲斐権少、
長徳四年十月廿（マヽ）七日
」

『元永二』
出羽権守従五位下藤原朝臣師清　臨時内給、
臨時内給、
散位従五位下藤原朝臣師清
望諸国権守、出羽、
元永二年正月廿二日
」

『安元二』
大和権守正六位上藤原朝臣利貞　臨時内給、
臨時内給、
正六位上藤原朝臣利貞
望諸国権守、大和、
安元二年正月廿八日
」

六位任権守例　無旧例、近年出来云々、無俚〔理キ〕歟、
承安四秋　河内権守、臨時内給、

安元二秋　豊前権守、同、

治承元秋　山城権守、同、

長徳元秋　越前権守、東三条院（藤原詮子）名替、

『追検之、非権守、』

『康平七』

越中介従五位下藤原朝臣為長　臨時内給、

臨時内給、

従五位下藤原朝臣為長

望諸国介、越中、

康平七年十月廿五日

『安元二』

伊勢介正六位上惟宗朝臣成俊　臨時内給、

臨時内給、

正六位上惟宗朝臣成俊

望諸国介、

安元二年正月廿八日

『治安三』

武蔵介正六位上多治真人石長　臨時内給、

『臨時内給非望名簿例』

正六位上多治真人石長

望武蔵介、

（藤原）『実資』

右当年臨時内給、所請如件、

治安三年正月廿一日

諸院

『長徳二』参河介正六位上穴太宿禰季保　冷泉院臨時御給、

『長徳三』備前権介外従五位下茨田宿禰忠式　(藤原詮子)東三条院臨時御給、

『永承二』越後介従五位下藤原朝臣斯兼　(藤原彰子)上東門院臨時被申、

『延久五』加賀介従五位下則孝王　上東門院被申、

『安元二』伊勢権介正六位上藤原朝臣範俊　(統子内親王)上西門院臨時被申、

上西門院臨時被申、

正六位上藤原朝臣範俊

望諸国介、　伊勢権、

安元二年正月廿八日

諸宮

『長徳四』出雲権介正六位上当麻朝臣世保　(居貞親王)春宮臨時御給、

『寛弘四』美濃介従五位下十市宿禰明理　(藤原彰子)『職字非常事、』中宮職臨時御給、

『元永二』 河内権守従五位下藤原朝臣道清 (藤原寛子)太皇太后宮臨時御給、」

太皇大〔太ナ〕后宮臨時被申、

散位従五位下藤原朝臣道清

河内、

望諸国権守、

元永二年正月廿二日」

『安元二』 駿河権介正六位上惟宗朝臣俊政 (平徳子)中宮臨時被申、」

中宮臨時被申、

正六位上惟宗朝臣俊政

望諸国介、 駿河権、

安元二年正月廿七日」

准后」

『天喜二』 長門権介正六位上藤原朝臣相如 二品馨子内親王臨時申、

『康平八』 能登介正六位上川前宿禰兼清 祐子内親王臨時被申、 ○キ本ココニ「殊敬之人加被字、」アリ、

『同』 加賀介正六位上藤原朝臣貞宗 (藤原)女御歓子朝臣臨時給、(申キ)

『承安四』 下野権介正六位上大中臣朝臣助則 従三位平朝臣盛子臨時給、」

従三位平朝臣盛子臨時被申、

正六位上大中臣朝臣助則

望下野権介、

承安四年十一月廿七日

親王

『寛平十』　陸奥権少掾正六位上藤原朝臣真侍　(為子)妃内親王臨時給、『件人光孝第六女、醍醐天皇策為妃、叙三品、』　『(藤原)時平』

『天元々秋』　備前権介正六位上橘朝臣忠職　成子内親王臨時給、　『(源)雅信』

『天元二』　甲斐介正六位上源朝臣宗利　宗子内親王申、　『雅信』

『永観二』　安藝介正六位上佐伯朝臣公方　(兼明)中務卿親王臨時給、　『雅信』

『永観二秋』　大宰権少監正六位上平朝臣致忠　(為平)式部卿親王臨時給、　『雅信』

『寛弘四』　大宰権少監正六位上源朝臣則孝　(具平)中務卿親王臨時給、

『同』　豊後介正六位上助安王　敦康親王臨時給、

『同』　筑後介正六位上源朝臣正　媄子内親王臨時給、

褰帳親王

『寛和元秋』　丹波権掾正六位上藤原朝臣罩親　(章明)弾正尹親王御即位褰帳給、　『雅信』

『同』　丹波権掾正六位上菅原朝臣行正　〔前脱カ〕〔太ナ〕(盛明)上総大守親王御即位褰帳給、

女御尚侍

『寛平十二』参河権大目従七位上尾張宿禰栗主　朱雀院(宇多上皇)女御義子(橘)朝臣臨時給、　『時平(藤原)』

『寛弘七』大宰権大監正六位上藤原朝臣孝隆　女御茂〔義カ〕子(藤原)臨時給、

『治安三』紀伊介正六位上藤原朝臣忠盛　尚侍藤原朝臣嬉子臨時給、　『実資(藤原)』

典侍

『永観元』大宰主厨正六位上県主首近守　典子(侍歟、)貴子(高階)申、　『雅信(源)』

御匣殿

『天元二』摂津少掾正六位上安倍朝臣以清　御匣殿高子女王申、　『雅信』

大臣

『天元二』信濃介正六位上高向朝臣行方　外帥申、『左大臣高明(源)、』　『雅信』

『長徳三』肥前権掾正六位上滋野朝臣相如　『自』左大臣(藤原道長)臨時給、

『長保元秋』遠江介正六位上田口朝臣幸来　道(長)━臨時給、

『長保元』美濃権介外従五位下秦宿禰輔光　内大臣(藤原公季)臨時給、

『永承二』　越中権介正六位上源朝臣祐真　(藤原頼通)(給キ)左大臣臨時申、

『康平二』　但馬介正六位上紀朝臣末光　(藤原頼通)左大臣臨時被申、

『延久五』　但馬権介正六位上藤原朝臣頼高　(藤原教通)関白臨時給、

『治承三』　相模権介正六上藤原朝臣季長　『自』(実)兼—臨時申、」

(藤原兼実)右大臣臨時申、

正六位上藤原朝臣季長

望諸国介、　相模権、

治承三年正月十六日」

『大治元』　遠江大掾正六位上秦宿禰恒末　(藤原忠通)摂政左大臣臨時給、　(藤原)『為隆』」

摂政臨時被申、

正六位上秦宿禰恒末　『書両官、非常例、』

望諸国掾、　遠江、

大治元年二月廿三日」

(法性寺関白記)『御記曰、雖無其要、為飭大間面申之、』

納言」

『天元二』　長門権介正六位上若麻続直元理　『大納言為光』中宮大夫藤原朝臣申、　(源)『雅信』

『永観二秋』　加賀介正六位上伴宿禰広時　『中納言文範』民部卿藤原朝臣臨時給、　『同』

『寛弘七』

大宰大監正六位上平朝臣信賢 『大納言道綱』東宮傅臨時給、『無姓尸、如何、』

東宮傅藤原朝臣臨時申、

正六位上平朝臣信賢

望大宰大監、

寛弘七年二月十四日

雖五位依為人給有尻付例

『当年』保延三　美濃大目津守成枝　当年内給、

長徳二　『外階』美乃少掾各務隆成　(藤原詮子)東三条院当年御給、

長保元　美乃大掾宮道正盛　一品(資子)内親王当年給、

『臨時皆望名簿也、』元永二　出羽権守藤師清　臨時内給、

同秋　大和権守中原致時　〔同キアリ〕

保安二　肥前権守中原広行　同、

仁平元　筑後権守藤知親　同、

豊前権守大江貞末　同、

河内権守惟宗季辰　同、

同秋　伊勢権守大中臣助景　同、

承安四秋　筑後権守源頼職　同、

康平七秋　越中介藤為長　同、

同八　美乃介各務良遠　同、

仁平元秋　紀伊介紀国実　同、

長徳元秋　美乃介各務為信　(藤原詮子)東三条院臨時御給、

同二〔三〕　『外』備前権介茨田忠式　同、

長保元　『外』美乃権介秦輔光　(藤原公季)内大臣臨時給、

寛弘四　美乃介十市明理　(藤原彰子)中宮職臨時御給、

永承元　尾張介長谷部致孝　(彰子)上東門院臨時被申、

同二　越後介藤斯兼　同、

延久五　加賀介則孝王　同、

元永二　河内権守藤道清　〔太〕〔太ナ〕(藤原寛子)大皇大后宮臨時御給、

『未給』延久二秋　大宰少監紀資方　(藤原教通)関白永承三年給二合代、

『請』康平三　大宰権少監平兼重　帥藤原朝臣(経輔)請、

『名替』長保元　『外』尾張介長谷部是真　停令〔冷〕泉院安和二年臨時御給下総介奉〔秦ナ〕正遠改任、

美乃介十市明理　停冷泉院天暦六年臨時御給下野権介忍海高晴改任、

天喜元秋　但馬介橘季利　停去年臨時内給小野貞友改任、

康平七　大宰大監豊島〔嶋キ〕則方　停（藤原教通）左大臣永承〔六キ〕二年給大蔵孝言改任、

延久三　大宰大監大蔵種弘　停権中納言藤原朝臣（経季カ）延久元年給坂上為□改任、

保延三　大宰大監紀季実　停民部卿藤原朝臣（忠教）〔道キ〕去年給二合紀伊掾藤井満望改任、

久寿二　筑後介藤盛隆　停無品禎子内親王久安二年臨時給藤原親季改任、

無尻付例　見五位権守所、

未給

内給

『長徳三』美濃権少目正六位上県主首富茂　内給天元五年巡給未補所任、

『一条院天元三年降誕、若親王時未給在位間被任歟、』

『天喜四』備中掾正六位上赤染宿禰色経　去年内給、

『永久四』伊予大掾正六位上紀朝臣為真　天永二年内給、

可勘給否、　件内給去天永二年未補、

正六位上紀朝臣為真

望伊予大掾、

右去天永二年未補、以件人可任之、

永久四年十二月廿一日

大和大掾正六位上秦宿禰牛経　元永二年内給、

可勘給不、　件内御給未補、

正\六位上秦宿禰牛経

望諸国掾、　大和、

右去元永二年内給未補、仍所請如件、

元永三年正月廿六日

『安元々』

河内大掾正六位上秦忌寸千世寿　承安元年内給、

可勘給否、　件内給三分未補、

正\六位上秦忌寸千世寿

望諸国掾、　河内大、

右去承安元年内給未給〔補カ〕、以件千世寿可任之、

安元々年十二月七日

諸院

○キ本ココニ「在位之間内給脱屣之後被任例」アリ、

『長徳二』伯耆掾正六位上船朝臣嘉忠『円融院也、』朱雀院永観二年御給、『雖在位時御給、不注内給、』

『同』伊予掾正六位上藤原朝臣正行　冷泉院去年御給、

『同四』土左権掾正六位上倉橋部公兼　東三条院（藤原詮子）去年御〔給キアリ〕

但馬大目正六位上秦宿禰公真　東三条院長徳三年御給、

可勘給不、　件院長徳三年御給未補、

東三条院

正六位上倉橋部公兼

望土左国掾、

正六位上秦宿禰公真

望但馬国目、

右去長徳三年御給未補、所請如件、

長徳四年正月廿一日

左大臣正二位藤原朝臣（道長）

『長治二』大和少掾正六位上内蔵朝臣成友　二条院（章子内親王）応徳二年御給、

諸宮

『長徳二』　陸奥大掾正六位上山宿禰保重　（藤原遵子）皇后宮去年御給、

『同』　紀伊大目正六位上紀朝臣利兼　皇后宮去年御給、

『長保五』　土左権少目正六位上多治宿禰良行「利」　（藤原彰子）中宮長保二年御給、

『不任所望国例』　可勘給不、　件職長保二年二分未補、

中宮職

正六位上多治宿禰良利

望讃岐国大目、

右去長保二年未給、以件良利所請如件、

長保五年正月廿八日正三位行権中納言兼大夫右衛門督藤原朝臣（斉信）作名

『長元二』　近江大掾正六位上橘朝臣信重　（敦良親王）東宮寛弘八年別巡給、　『（藤原）実資』

『同』　安藝掾正六位上壬生宿禰公信　東宮長和四年御給、

已上東宮親王時御給也、任五人之中四人称巡給由、一人注御給、　已上同年、

准后

『長徳三秋』　大和権少掾正六位上源朝臣増　恵子女王寛和元年給、

『嘉保元』出雲掾正六位上宇禰倍宿禰延方　無品祐子内親王長久元年給、」

親王」

『永観二秋』安藝権掾正六位上播磨造豊房　式部卿(為平)親王天元三年別給二合所任、

『長徳三』甲斐権掾正六位上山背宿禰師光　式部卿親王長徳二年別給二合所任、」

可勘給不、　件親王去長徳二年別給二合未補、

\正六位上山背宿禰師光

望甲斐国掾闕、

右去長徳二年別給二合未補、以件師光所請如件、

長徳三年正月廿四日一品行式部卿為平親王」

『長保二秋』相模掾正六位上巨知臣信実　弾正尹(為尊)親王去年給、

『長治二』甲斐少掾正六位上源朝臣国次　二品俊子内親王寛治元年巡給二合、

『永久四』土左少掾正六位上秦宿禰乙右　三品佳子内親王長治元年巡給二合、」

可勘給否、　件内親王去長治元年巡給未補、

\(鉤点マヽ)三品佳子内親王家

正六位上秦宿禰乙右

望諸国掾、　土左少、

右去長治元年巡給未補二合、所請如件、

永久四年正月廿三日別当正五位下行文章博士兼大内記越中介藤原朝臣永実

『保安二』

阿波少掾従七位上秦宿禰定宗　覚法法親王元永二年給二合、

可勘給否、　件法親王元永二年給未補、

覚法法親王家

＼従七位上秦宿禰定宗

望諸国掾、

右去元永二年給未補、所請如件、

保安二年正月廿二日別当正三位行修理大夫藤原朝臣顕季

『寛治七』

和泉少目従七位上美努宿禰吉邦　無品祺〔禖キ〕子内親王寛治元年給、　〔俊房キアリ〕

可勘給不、　件内親王去寛治元年給未補、

無品祺〔禖ナ〕子内親王家

＼従七位上美努宿禰吉邦

望諸国目、

右去寛治元年給未補、所請如件、

寛治七年十月十七日従四位下行主殿頭藤原朝臣公経

非准后親王任目例　見当年給所、

嘉保二秋　無品祺〔禖ナ〕子内親王延久五年給、」

公卿」

『嘉保元』但馬少目従七位上秦宿禰石国　右大臣（源顕房）承保元年給、

『同』丹後権目従七位上参河宿禰吉常　右大臣承暦三年給、

『同』出雲大目従七位上高橋朝臣武末　右大臣寛治元年給、

『永久四』能登目従七位上伴朝臣恒元　権中納言源朝臣能、去年給、」

可勘給否、件卿去年給未補、

従七位上伴朝臣恒元

望諸国目、能登、

右去年未給、所請如件、

永久四年正月廿八日正三位行権中納言源朝臣能俊」

『保安元』尾張少目従七位上藤井宿禰吉末　右近衛大将藤原朝臣天永元年給、」

可勘給不、件卿去天永元年給未補、

\従七位上藤井宿禰吉末

望諸国大目、尾張、

右去天永元年給未補、仍所請如件、

元永三〔正キ〕年四月廿六日正二位行大納言兼右近衛大将皇后宮大夫藤原朝臣家忠

『二合』『延久二秋』大宰少監従五位下紀朝臣資方　関白(藤原教通)永承三年給二合代、『大宰無代字流例也、今度有代字、』

『元永元』大宰大監正六位上藤原朝臣定長　左大臣去寛治元年給二合、

可勘給否、件大臣寛治元年給二合未補、

\正六位上藤原朝臣定長

望大宰大監、

右去寛治元年給二合未補、仍以件定長所請如件、

元永元年十一月廿八日従一位行左大臣源朝臣俊房

『長治二秋』伊予少掾従七位上坂上宿禰行貞　(藤原)(実)忠―康和四年給二合、

『仁平四』加賀大掾従七位上大原真人正則　左大臣去年給二合、

『自給』可勘給不、件大臣去年給二合未補、

従\七位上大原真人正則 左京人、
望丹波掾、加賀大、
右去年給二合未補、所請如件、
仁平四年正月廿一日従一位行左大臣藤原朝臣頼長」

『同元』
『在座大臣給』
伊予大掾正六位上源朝臣為利 右大臣天養元年給二合所任、」
可勘給不、件大臣去天養元年給二合未補、
正\六位上源朝臣為利
望播磨・伊予等国大掾、
右去天養元年給二合未補、仍所請如件、
『在座、』
仁平元年正月廿七日右大臣正二位兼行左近衛大将源朝臣雅定」

『承安四』
『自給』
越後少掾従七位上藤井宿禰久直 右大臣仁〔安キ〕去二年給二合、」
可勘給不、件大臣去仁安二年給二合未補、
従\七位上藤井宿禰久直
望諸国掾、
右去仁安二年給二合未補、仍所請如件、

承安四年十二月一日従一位行右大臣藤原朝臣兼—（実）

丹後大掾正六位上清原真人守近　内大臣去仁安二年給二合所任、

可勘給否、件大臣去仁安二年二合未補、

正六位上清原真人守近　左京人、

望諸国掾、丹後大、

『安元二』
『在座大臣』

右去仁安二年給二合未補、所請如件、

『在座、』安元二年十二（三キ）月一日内大臣正二位兼行左近衛大将藤原朝臣師長

上野少掾正六位上百済朝臣年吉〔古カ〕　民部卿藤原朝臣永久二年給二合、

可勘給否、件卿去永久二年給二合未補、

正六位上百済 朝臣本 年古

望諸国掾、上野、

『永久四』

右去永久二年未補、所請如件、

永久四年正月廿八日正二位行権大納言兼民部卿藤原朝臣宗通

五節二合

『長徳三』淡路権掾正六位上登美宿禰時忠　右大臣(藤原顕光)去年未給依献五節舞姫二合、

『長保二』因幡権掾正六位上佐野首貞近　(藤原)忠輔朝臣長徳二年依献五節舞姫二合任、

『永承五』播磨少掾正六位上清原真人利武『永承二年献五節』　中宮権大夫藤原(経輔)朝臣永承二年給依献五節舞姫二合所任、

『延久二』紀伊少掾従七位上佐伯朝臣重忠『治暦二年献五節』　権中納言藤原朝臣(祐家)祐、治暦二年依献五節二合所任、

『嘉保元』伊予少掾従七位上秦宿禰安友『寛治五年献五節』　右近中将藤原(経実)朝臣依寛治五年献五節舞姫二合所任、

『永久四』備前大掾正六位上秦宿禰富吉『永久二年献五節』　左兵衛督藤原朝臣永久二年給依献五節舞姫二合所任、

可勘給否、　件卿去永久二年依献五節舞姫二合給未補、

\正六位上秦宿禰富吉

望諸国掾、　備前大、

右去永久二年依献五節舞姫二合、所請如件、

永久四年正月廿八日正二位行権中納言兼左兵衛督藤原朝臣宗忠

『保延三』紀伊権掾従七位上賀茂県主恒沢　実衡朝臣去年給依献五節舞姫二合、

可勘給不、　件卿保延元年依献五節舞姫二合未補、

\従七位上賀茂県主恒沢

望諸国掾、　紀伊権、

右保延元年依献五節舞姫去年給二合未補、仍所請如件、

保延三年正月廿八日参議正四位下行右近衛中将兼丹波権守藤原朝臣実衡」

○キ本ココニ以下三行アリ、

「裏書云、

五節年・二合年共注例

扶義（源）朝臣正暦五年献五節舞姫長徳元年給二合　長徳四」

（奥書）
「以後京極殿（九条良経）御自筆本、手自書写了、

嘉禄三年六月廿八日

右大臣（九条教実）（花押）」

（一見奥書）
「右大間成文抄、洞院（教実）摂政殿令書写給之旨、被加御筆畢、可秘蔵者也、

寛永廿年九月一日、加一見了、

左大臣（九条道房）（花押）」

（表紙外題、九条道房筆）
「大間成文抄第二上　春外国二上」

（旧表紙袖書、九条政基筆）
「名替　国替
名国共替　秩満
任符返上　五節
三重付四重五重　更任付三重
転任　以目替掾二合
停女爵申　諸寺申名替等
行事所申名替等　成功名替等
前官　入道
故者　御処分内給」

大間成文抄第二　春　外国二

名替

内給

『天元五』尾張権掾従七位上葛野公維隻　天元三年内給藤原佐正停任替、　『（源）雅信』

『長徳二』近江掾正六位上紀朝臣守信　停正暦六年内給巨勢重国改任、

『長保三』大和少目正六位上宮原宿禰忠信　停長保元年内給大秦有福改任、

正六位上宮原宿禰忠信

可勘合不、　件長保元年内給、同年正月以大秦有福任大和少目、而任符未出、

望大和大目、

右長保元年内給、同正月以大秦有福任大和大目、而不給任符、仍以件忠信可改任之、

長保三年正月廿二日

『長徳四』甲斐介正六位上私朝臣氏忠　停長徳三年臨時内給賀陽文時改任、

『長保二』能登介正六位上民宿禰豊郷　停去年臨時内給藤原成則改任、

『寛弘七』加賀介正六位上菅原朝臣為時　停去四年臨時内給藤為岡改任、

可勘合不、　件寛弘四年臨時内給、以藤原為岡任加賀介、而任符未出、

正六位上菅原朝臣為時

望加賀介、

右寛弘四年臨時内給、以藤原為岡。任加賀介、而依身病不給任符、仍以件為時可改任之、

寛弘七年二月十四日

当時年号不注其名例

天元四秋

寛弘七

以上未給・名替・国替等、当時年号皆不注名、

但於他年号皆注之如恒、

『治承二』

武蔵介正六位上藤原朝臣則宗　停去安元二年臨時内給宮道忠弘改任、

可勘合否、　件臨時内給、去安元二年正月以宮道忠弘任武蔵介、而任符未出、

正六位上藤原朝臣則宗

望武蔵介、

右去安元二年正月臨時内給、以宮道忠弘任彼国介、而依有身病不赴任、仍以件則宗可被改任之、

治承二年正月廿六日

『安元々』

筑後権介正六位上中原朝臣光重　停去年臨時内給源宗景改任、

『内給名替不下勘例』

内給　正六位上中原朝臣光重

望筑〔後カ〕前国権介、

右去承安四年十二月臨時内給、以源宗景申任彼国権介、而称非本望不賜任符之替、以件光重可被改任之状、

所請如件、

安元々年十二月六日」

『治承二〔三〕』

日向権介正六位上三善朝臣為清　停去年十二月臨時内給中原為資改任、」

正六位上三善朝臣為清

可勘合否、　件臨時内給、去安元三年正月以中原為資任日向権介、而任符未出、

望日向国権介、

右安元三年正月臨時内給、以中原為資申任件国権介、而称非本望不賜任符之替、以件為清可被改任之状、所

請如件、

治承三「二歟」(傍書ハ誤リ)年正月十七日」

『治安三』

遠江掾正六位上錦宿禰貞春　停寛仁四年内給寺清正改任、　『(藤原)実資』」

可勘合不、　件寛仁四年内給、治安二年正月以寺清正任遠江掾、而任符未出、

正六位上錦宿禰貞春

望遠江掾、

右去寛仁四年内給、去年正月除目以寺清正請任件国掾、而依身病不給任符、仍以件貞春可被改任之状如件、

治安三年二月十日」

『天元四』

近江少掾正六位上高橋朝臣高行（守平親王）停前春宮坊安和二年御給国守正兼任、（源）『雅信』」

坊間御給在位之間名替、尻付如此、但近例無春宮両字、只注前坊、

内給名替下勘例

家例

長保三　寛弘七

治承二　同三　已上名替、見端、

治承二　同三　已上名国替、見奥、

長保元秋　（讃岐）氏成、　同五　利兼、

寛弘元秋　望利、　治承三　（平）資遠、

同秋　（丹波）実連、包末、季忠、（大江）行義、　已上名替、

治承二　（藤原）雅憲、　名国替、」

他家例

治安三　見端、　天喜三

承暦四　康和二秋　已上名替、
天治二秋　御記云、〔法性寺関白記〕予仰可下勘之由、〔藤原忠通〕仍下勘之、
不下勘例　最劣説云々、
家例
安元々秋　見端、
承安四秋　安元二
治承二秋
他家例
嘉保三
已上皆名替、

諸院
『〔長徳キ〕□三』下総介正六位上笠朝臣季春　停冷泉院安和二年内給藤原基高改任、
『長徳二秋』山城権大掾正六位上尾張宿禰利延　停天禄二年朱雀院内〔円融天皇〕給下野遠正改任、
『長徳四』上野権少掾正六位上多治真人忠節　停冷泉院安和二年御給秦守忠改任、
『長保元』出雲権掾正六位上藤原朝臣有忠　停朱雀院天元四年御給国義長改任、
在位之間御給、遜位以後猶称内給例

長徳二　停朱雀院天元五年内給、、

長保二　停朱雀院天延二年内給、停朱雀院天元々年内給、

称御給例

長徳四　停朱雀院永観二年御給、

長保元　同、

同二　停朱雀院天延三年御給、、、

永承二年　停後一条院万寿二年御給、、、

已上皆名替等也、於未給者不称内給、無任人之故歟、」

『長保元秋』

信濃権掾正六位上清岳公光明　停冷泉院長徳四年御給阿保居安改任、」

可勘合不、　件院長徳四年御給、同正月以阿保居安任信濃権掾、而任符未出、

冷泉院

正六位上清岳公光明

望信濃権掾、

右去長徳四年　御給、同正月以阿保居安任件国権掾、而煩身病不給任符、仍以光明改請如件、

長保元年九月廿一日

大納言正三位兼行陸奥出羽按察使源朝臣（時中）作名」

『長徳四』

大和権介正六位上尾張宿禰雅茂　停東三条院(藤原詮子)長徳元年臨時御給国美長改任、

可勘合不、　件院長徳元年臨時御給、同二年八月以国美長任大和権介、而任符未出、

＼(鉤点マヽ)東三条院

正六位上尾張宿禰雅茂

望大和介、

右長徳元年臨時御給、同二年八月以国美長任件国介、而依身病不賜任符、仍停件雅茂可被改任之状、所請如件、

長徳四年正月廿三日

左大臣正二位藤原朝臣(道長)

『安元二』

出羽介正六位上大江朝臣重忠　停皇嘉門院(藤原聖子)去承安三年臨時御給平盛俊改任、

可勘合否、　件院去承安三年正月臨時御給、以平盛俊任出羽介、而任符未出、

皇嘉門院

＼正六位上大江朝臣重忠

望出羽介、

右去承安三年正月臨時御給、以平盛俊被任彼国介、而称非本望不賜任符、仍以件重忠可被改任之状、所請如

件、

安元二年正月廿八日別当正二位行中納言藤原朝臣邦綱 」

『安元二』

石見介正六位上惟宗朝臣盛賢 （統子内親王）停上西門院去年十二月臨時御給清原景盛改任、 」

可勘合否、 件院去承安〔安元カ〕元年十二月臨時御給、以清原景守任石見介、而任符未出、

上西門院

\正六位上惟宗朝臣盛賢

望石見国介、

右去安元元年十二月臨時御給、以清原景守申任彼国介、而依身病不賜任符之替、以件盛賢可被改任之状、所

請如件、

安元二年正月廿七日別当正二位藤原朝臣実定 」

『治承二』

肥後介正六位上紀朝臣有栄 （暲子内親王）停八条院去年臨時御給藤原親景改任、 」

可勘合否、 件院去年十一月臨時御給、以藤原親景任肥後介、而任符未出、

八条院

\正六位上紀朝臣有栄

望肥後介、

右去年十一月臨時御給、以藤原親景任彼国介、而依有身病不赴任、仍以件有栄可被改任之状、所請如件、

治承二年正月廿六日別当正三位行権中納言右兵衛督平朝臣頼盛 」

諸宮 」

『長徳三』丹波権掾正六位上紀朝臣弘安 停春宮(居貞親王)坊正暦五年御給佐伯〔篤信改任キアリ〕

『寛弘五』陸奥大掾正六位上矢田部宿禰久安 停皇太后宮(藤原遵子)長徳元年御給物部利胤改任、 」

可勘合否、 件職長徳元年御給、寛弘二年十二月以物部利胤任陸奥大掾、而任符未出、

皇太后宮職

＼正六位上矢田部宿禰久安

右長徳元年御給、寛弘二年十二月以物部利胤任陸奥大掾、而依身病不給任符、仍以件久安可被任之状、所請如件、

寛弘五年正月廿六日

従二位行中納言兼大夫左衛門督藤原朝臣公任 」

『治承四』豊前介正六位上中原朝臣盛康 停大〔太〕皇大〔太〕后宮(藤原多子)治承二年臨時御給清原助忠改任、 」

可勘合否、 件職去治承二年閏六月臨時御給、以清原助忠任豊前介、而任符未出、

太皇大〔太ナ〕后宮職

＼正六位上中原朝臣盛康

望豊前介、

右去治承二年閏六月臨時御給、以清原助忠任彼国介、而依有身病不赴任、仍以件盛康可被改任之状、所請如件、

治承四年正月廿三日正二〔三キ〕位行権大夫兼修理大夫平朝臣経盛」

親王」

『長徳四』甲斐権掾正六位上子部宿禰吉景　停式部卿親王〔為平〕長徳二年給二合山背師光改任、

『長保二』常陸大掾正六位上藤原朝臣国正　停斎院〔選子内親王〕去年別巡給二合内蔵正忠改任、

『仁平四』下野大掾従六位上檜前連国次　停無品禛子内親王去年給二合藤井安里改任、『准后也、二合字如何、』

可勘合不、　件内親王去年給、以藤井安里任下野大掾、而任符未出、」

『准后人也、』無品禛子内親王家

＼従六位上檜前連国次

右去年給、同正月以藤井安里申任下野大掾、而依身病不赴任、仍以件国次可被改任之状、所請如件、

仁平四年正月廿一日別当□〔正キ〕四位下行播磨守源朝臣顕親」

女御尚侍」

『長保元』上総権大掾正六位上刑部宿禰頼孝　停両〔尚〕侍（藤原）綏子長徳二年給二合藤原傅説改任、

『寛弘四』備前掾正六位上伴宿禰正利　停女御（藤原）尊子寛弘元年給二合惟道安宣改任、」

公卿」

『寛弘四』出雲介正六位上佐伯朝臣真忠　停左大臣（藤原道長）去年臨時給品治頼改任、〔実資キアリ〕

『治安三』讃岐大目正六位上坂上宿禰為正　停右大臣長徳四年給大春日光安改任、」

『自給』

可勘合不、　件大臣長徳四年給、寛仁五年正月以大春日光安任讃岐大目、而任符未出、

正六位上坂上宿禰為正

右去長徳四年給二分、寛仁五年正月除目以大春日光安申任讃岐大目、而依有身病不賜任符、仍以為正可被改任之状、所請如件、

治安三年正月廿三日右大臣正二位右近衛大将皇太弟傅藤原朝臣実資」

『仁平二』伊予大掾正六位上佐伯朝臣行久　停内大臣久安六年給二合清原守沢改□〔任ヒ〕、」

『当座大臣』

可勘合不、　件大臣去久安六年給二合、今年正月以清原守沢任伊予大掾、而任符未出、

正六位上佐伯朝臣行久
望伊予大掾、
右去久安六年給二合、今年正月以清原守沢申任彼国大掾、而称非本望不賜任符、仍以件行久可被改任之状、
所請如件、
『在座』仁平二年十月十七日内大臣正二位兼行右近衛大将藤原朝臣実能」

周防掾正六位上伴宿禰重季　停関白内大臣寛治三年給二合高季改任、　『(源)俊房』」
可勘合不、　件寛治三年給、以葛木高季申任周防掾、而任符未出、
『嘉保三』
正六位上伴宿禰重季
望周防掾、
右去寛治三年正月、以葛木宿禰高季申任件国掾、而称非大〔本ヒ〕望不給任符、仍以重季可被改任之状如件、
『在座』嘉保三年正月廿二日関白従一位行内大臣藤原朝臣師通
『同』

当座大臣名替不下勘事　此説僻事歟、
永久二年秋　(源雅実)内大臣名替申文下勘之、而裏書云、在座大臣申文不下勘、而今度下勘、老闇之失也、
必可下勘事　其例見端、
大治二年春　(法性寺関白記)御記云、予(藤原忠通)名替申文不下勘、大失也、執筆為隆、(藤原)」

『康平六』　美作少目従七位上菅野朝臣生則　停治部卿藤原朝臣(経任)康平三年給菅原生則改任、
『若依原字誤改任歟、有其例、』

『承保二』　加賀少目従七位上秦宿禰武重　停権中納言藤原朝臣能(能季)、延久四年給伴正光改任、

『承安四秋』　伊予大掾従七位上内蔵宿禰月方　停参議藤原朝臣頼、承安二年給二合草部延正改任、

可勘合不、　件卿去承安二年給二合、以草部延正任伊予掾、而任符未出、

従七位上内蔵宿禰月方

望伊予掾、

右去二年給二合、以草部延正申任彼国掾、而称非本望不賜任符、仍可被改任件月方之状、所請如件、

承安四年十二月一日参議従三位行周防権守藤原朝臣頼定

(押紙)「此間五位名替アリ、」

国替

『昌泰元』　備中権掾従七位下橘朝臣春常　繁子内親王去年給自下野掾遷任、　(藤原)『時平』

『□〔延ヒ〕喜十三春』　伯耆大目従七位上上毛野公夏蔭　(藤原)清経朝臣延喜八年給以件夏蔭任常陸少目、而今改任、　『貞仁〔信〕公』(藤原忠平)

『康保三』　肥前掾正六位上長岑宿禰忠親　右大将藤原朝臣(師尹)康保二年給二合以件忠親任肥後少掾、而改肥前、　(藤原実頼)『清慎公』

『長保二秋』　因幡権大目正六位上刑部宿禰久遠　停中宮大夫源朝臣(時中)長徳四年給伯耆大目改任、

『永承五』
土左少目正六位上清原真人清武　停左近衛中将藤原(能長)朝臣永承三年給但馬目改任、

『延久二』
伊予掾正六位上民宿禰友武　停内大臣(藤原信長)延久二年給近江少掾改任、

○ヒ本ココニ以下二行アリ、
「裏書
或云、国替遷任也、不可為停任、仍不書停字云々、然而古賢書様皆如此、」

『永久四秋』
備中大掾従七位上藤井宿禰行里　権中納言源朝臣重、当年給二合以件行里任石見掾、而改其国所任、」

可勘合否、件卿〔去ヒ〕其正月給、以件行里任石見掾、而任符未出、

\従七位上藤井宿禰行里

望備中掾、

右当年給、去正月以件行里任石見掾、而依非本望不給任符、仍可被改任備中掾之状、所請如件、

永久四年十二月廿一日正三位行権中納言源朝臣重資」

備中掾正六位上藤原朝臣季致　権中納言藤原朝臣「此年号不審、」延久五年給二合以件季致任周防大掾、而改其国所任、　『(源)師房』」

可勘合不、件卿去承保二年二合給、以藤原季致任周防大掾、而任符未出、

正\六位上藤原朝臣季致

望備中国大掾、

右件人去年十二月任周防大掾、而依非本望不給任符、仍可被改任件国掾之状、所請如件、

承保三年正月廿日正二位行権中納言藤原朝臣経季」

名国共替」

『長徳二』肥後大掾正六位上大和宿禰延正 停正暦四年内給武佐国隣山城権少掾改任、

『長保二』伊賀権目正六位上紀朝臣秋近 停正暦五年内給備前権少目少(少ヒナシ)長谷正生改任、

『治承二』豊後介正六位上中原朝臣俊清 停去安元二年臨時内給日向介中原康成所任、」

可勘合否、 件臨時内給、去安元二年十二月以中原康成任日向介、而任符未出、

\正六位上中原朝臣俊清

望出羽・豊後等介、

右去安元二年十二月臨時内給、以中原康成任日向介、而称非本望不給任符、仍以件俊清可被任彼等介、」

治承二年正月廿六日」

『治承三』丹後権介正六位上清科朝臣重友 『注月非常例、』停去年正月臨時内給豊前〔後カ〕介中原俊清改任、」

可勘合否、 件臨時内給、去治承二年正月以中原俊清任豊後介、而任符未出、

\正六位上清科朝臣重友

望丹後国介、 権、

右治承二年正月臨時内給、以中原俊清申任豊後国介、而称非本望不賜任符之替、以件重友可被改任彼国介之

状、所請如件、

治承三年正月十七日

『長徳四』和泉掾正六位上山辺宿禰正兼 『村上御給歟、』停康保三年臨時内給藤原安光陸奥権大掾改任、

『同』薩摩掾正六位上上宿禰行蔭 『円融院御給歟、』停永観元年内給播磨大掾佐伯茂忠改任、

『長徳二』河内少掾正六位上秦忌寸直方 停冷泉院応和元年御給備中権掾越智惟国改任、

『康平七』尾張大掾正六位上清原真人信真 停上東門院（藤原彰子）康平四年御給讃岐掾物部正則改任、

『治承三〔二〕』紀伊介正六位上惟宗朝臣俊元 停上西門院（統子内親王）去安元二年臨時御給伊勢権介藤原範俊所任、

『国替不任所望国例　無闕、』可勘合否、 件院去安元二年正月臨時御給、以藤原範俊任伊勢権介、而任符未出、

上西門院

正六位上惟宗〔朝臣脱カ〕俊元

出〔望ヒ〕出雲国介、紀伊、

右安元二年正月臨時御給、以藤原範俊申任伊勢国権介、而称非本望不賜任符之替、以件俊元可被改任彼国介之状、所請如件、

治承二年正月廿三日別当正二位行大納言兼左近衛大将藤原朝臣実定

『長保二』上野大掾正六位上凡河内宿禰員正 停東宮（居貞親王）長徳四年御給下野少掾秦理堪改任、

『同』摂津権少掾正六位上守部連忠兼　停（藤原）女御義子長保元年給二合淡路権掾三宅文頼改任、

『同』美作掾正六位上粟田朝臣良仲　停（選子内親王）斎院正暦五年巡給二合豊前掾榎部兼範改任、

『（長ヒ）□徳二』丹波権掾正六位上笠朝臣顕親　停（藤原道長）右大臣去年給二合周防掾紀秀行改任、

『元永二』美濃大掾従七位上大忍宿禰国里　停右大将藤原朝臣永久四年給二合備後権大掾豊原有廉改任、

　可勘合否、　件卿去永久四年給二合、以豊原有廉申任備後権大掾、而任符未出、

従七位上大忍宿禰国里

　望諸国掾、　美濃大、

右去永久四年給二合、以豊原有廉申任備後権大掾、而称非本望不給籤符、仍以件国里可被改任諸国掾之状、所請如件、

　元永二年正月廿二日正二位行大納言兼右近衛大将皇后宮大夫藤原朝臣家忠

『保延三』
『五位名替例』大宰大監従五位下紀朝臣季実　停民部卿藤原朝臣去年給二合紀伊掾藤井満望改任、

　可勘合不、　件卿去年給二合、以藤井満望任紀伊掾、而任符未出、

従五位下紀朝臣季実

　望大宰大監、

右去年給二合、以藤井満望申任紀伊掾、而称非本望不賜任符、仍以件季実可被改任大宰大監之闕之状、所請如件、

保延三年正月廿八日正二位行大納言兼民部卿中宮大夫藤原朝臣忠教

『仁平元』 土左掾従七位上大江朝臣時永 停右兵衛督藤原朝臣久安五年給二合讃岐掾藤原季安改任、

可勘合不、 件卿去久安五年二合給、同六年正月以藤原季安任讃岐掾、而任符未出、

従\七位上大江朝臣時永

望土左掾、

右去久安五年給同六年正月二合、以藤原季安任讃岐掾、而依非本望不給任符、仍以件時永可被改任之状、所請如件、

仁平元年正月廿七日正三位行権中納言兼右兵衛督藤原朝臣忠雅

秩満

名替

『天暦八』 鎮守府軍曹正六位上志太連元立 『朱雀院御給歟、』天慶七年内給紀常岑(峯ヒ)不給任符秩満代、 (藤原実頼)『清慎公』

『康平八』 備後掾正六位上文室宿禰武則 (藤原彰子)上東門院康平六年御給品治光任不給任符秩満替、

『永承四秋』 摂津目正六位上紀朝臣吉成 春宮大夫藤原朝臣(能信)長元七年給清原徳正不給任符秩満、仍改任、

『長保元』 讃岐大目正六位上佐伯宿禰扶尚 停大納言源朝臣長徳元年給禰宜利道「遠歟」改任、

可勘合不、件卿長徳元年給、同年正月以禰宜利遠任讃岐権大目、而任符未出、

正六位上佐伯宿禰扶尚

＼望讃岐権大目、

右長徳元年給、同年正月除目、以禰宜利遠申任讃岐権大目、而称有身病不給籤符、従「徒歟」以秩満、因兹以件扶尚

可被任件国之状、所請如件、

長保元年正月廿五日大納言正三位兼行陸奥出羽按察使源朝臣(時中)作名」

『長寛二』
筑後介正六位上紀朝臣為行前無品禎子内親王仁平二年給以藤原親季所任、而不給任符秩満、仍改任、

『治承四』
安藝掾従七位上藤井宿禰成武春宮大夫藤原朝臣安元二年給二合惟宗信高不給任符秩満、仍改任、

可勘合否、件卿去安元二年給二合、同年正月以惟宗信高任安藝掾、而任符未出、」

＼従七位上藤井宿禰成武

望安藝掾、

右去安元二年給二合、同年正月以惟宗信高任彼国掾、而称非本望不給任符秩満、仍以件成武可被改任之状、

所請如件、

治承四年正月廿三日正二位行権中納言兼春宮大夫藤原朝臣忠親」

国替」

『天元四秋』　播磨権少掾正六位上大中臣朝臣正忠　(資子)一品内親王貞元々年給大和掾同正忠不給任符替、　(源)『雅信』

『長元々』　因幡掾正六位上苅田宿禰共頼　(敦良親王)東宮長和三年御給近江大掾苅田共頼不給任符秩満代、　(藤原)『実資』

『長元七』　摂津大目正六位上清原真人徳正　中宮権大夫藤原朝臣(能信)長元三年給山城大目同徳正不給任符秩満、今又任、　『同』

『長暦二(三ヵ)秋』　播磨権少目従七位上若湯坐宿禰久吉　前(太)天皇大(太)后宮長保元年御給若狭大目不給任符秩満代、　『同』

『建久六』　播磨少掾従七位上矢田部宿禰宗包　関白建久元年給二合以件宗包任讃岐大掾、而不給任符秩満、仍改任、」

可勘合不、　去建久元年給二合、以件宗包任讃岐大掾、而任符未出、

従\七位上矢田部宿禰宗包

望播磨少掾、

右去建久元年給二合、以件宗包申任讃岐大掾、而称不本望不賜任符秩満、仍可被改任彼国掾之状、所請如件、

建久六年十二月八日関白従一位藤原朝臣兼(実)―」

名国共替」

『天暦八』　近江権少掾正六位上日置直滋方　『朱雀院御給歟、』承平三年内給日向掾紀公頼不給任符秩満代、　(藤原実頼)『清慎公』

『長徳元秋』　摂津少掾正六位上委文宿禰信兼　冷泉院天暦八年御給常陸掾藤原国直不給任符秩満所任、

『長徳三』　参河権大目正六位上生江宿禰兼平　停華山院正暦二年御給伊勢大目伊部元連改任、」

『国替不任所望国例　河内任四所籍了、』

可勘合不、　件院去正暦二年御給、同年正月以伊部元連任伊勢大目、而任符未出

華山院
\従七位上生江宿禰兼平
望河内国権大目闕、任参河権大目、
右去正暦二年御給、同年正月以伊部元連請伊勢国大目、而依有身病不給籤符、仍秩満之替、以兼平可被改任件国之状、所請如件、
長徳三年正月廿六日別当正三位行中納言兼右近衛大将藤原朝臣道綱」

『長徳元秋』讃岐権掾正六位上坂本宿禰広光　皇后宮(藤原遵子)永延元年給備後掾三島守助不給任符秩満替、
『長久五』周防権大目正六位上丹波宿禰今枝　皇后宮(禎子内親王)長元三年御給常陸大目藤井為頼不給任符秩満代、
『永承六秋』摂津大目従七位上建部宿禰久武　右大臣(藤原教通)万寿五年給播磨大目奉〔秦カ〕行近不給任符代、
『康平四』安藝少目正六位上清原真人是国　民部卿藤原朝臣(長家)永承七年給常陸大目伴是国不給任符秩満、仍改任、
『同』土左少目正六位上紀朝臣枝光　左兵衛督源朝臣(経成)天喜五年給越中目秦今吉不給任符秩満替改任、
『長寛二』大宰権大監正六位上惟宗朝臣為業　大納言藤原朝臣(忠雅)永暦元年給二合以紀月澄任伊予大掾、而不給任符秩満代、
『保延六』美作少掾正六位上藤原朝臣仲盛　左衛門督藤原朝臣長承四年給因幡権少掾藤原知康不給任符秩満、仍改任、」
可勘合不、件卿去長承四年給、以藤原知康任因播少掾、而任符未出、
\正六位上藤原朝臣仲盛

望美作国掾、

右去長承四年給二合、以藤原知康任因幡権少掾、而依身病不賜籤符任秩空暮、仍以件仲盛可被任美作掾之闕之状、所請如件、

保延六年三月廿三日正三〔従二〕位行〔衍〕権中納言兼左衛門督藤原朝臣宗輔」

『治安三』

山城権大目正六位上土師宿禰利兼 〔太ヒ〕〔太〕大皇大后宮（藤原彰子）寛弘六〔三カ〕年御給播磨権少目紀正吉不給任符秩満代、 （藤原）『実資』」

可勘合不、 件職寛弘三年御給、同七年二月以紀正吉任播磨国権少目、而任符未出秩満已了、

〔太〕太皇大后宮職

正六位上土師宿禰利兼

望山城・摂津等国目、

右去寛弘三年御給、同七年二月以紀正吉申任播磨権少目、而正吉不給任符秩満替、所請如件、

治安三年二月十日正二位行民部卿兼大夫源朝臣俊賢」

備中少目従七位上飛鳥〔部脱〕宿禰是貞 権大納言藤原朝臣天治元年給以藤井武次申任因幡目、『○』不給任符秩満替、『而字落歟、』 （藤原）『宗忠』」

可勘合否、 件卿去大〔天カ〕治元年給二合、因幡少目、而任符未出、 日下部武藤任

従七位上飛鳥部宿禰是貞

望備中少目、

右去天治元年給、以日下部武藤申任因幡少目、而有身病依不付、以藤井武次改任、称非本望不給任符空以秩満、仍以件是貞可被任之状、所請如件、

長承二年正月廿二日従二位行権大納言藤原朝臣実行

『建久七』

武蔵介正六位上清原真人経光　建久元年臨時内給石見介惟宗知邦不給任符秩満代、可勘合否、件臨時内給、去建久元年正月以惟宗知邦任彼国介、而任符未出、

正六位上清原真人経光

望諸国介、武蔵、

右去建久元年正月臨時内給、以惟宗知邦任石見介、而称非本望不賜任符秩満、仍以件経光可改任之状如件、

建久七年正月廿六日

秩満名替尻付書停字例　非常説、

長保元

長徳三　已上見端、

秩満之者自去任了、仍停字無其益云々、

注秩満由例　依為流例不注之、

任符返上

名替

若狭権掾正六位上錦宿禰良盛　華山院去年御給巨勢為信任符返上替、〔延〕

『長徳三』

華山院

＼正六位上錦宿禰良盛

望若狭権掾、

右去年御給、同正月以巨勢為延任彼国掾、而称非本望返上任符、仍以件良盛可被改任之状、所請如件、

長徳三年正月廿二日

大納言正三位兼行右〔左〕近衛大将春宮大夫藤原朝臣（公季）作名

太政官符若狭国司

＼（鈎点一二〇頁ノ写真幷ニ二二四頁参照）正六位上巨勢朝臣為延

右去正月廿五日任彼国権掾畢、国宜承知、至即任用、路次之国亦宜給食、符到奉行、

正四位下行左中弁兼東宮学士紀伊権守藤原朝臣（忠輔）作名　正五位下行左大史兼和泉守多米朝臣国平

長徳二年二月十一日

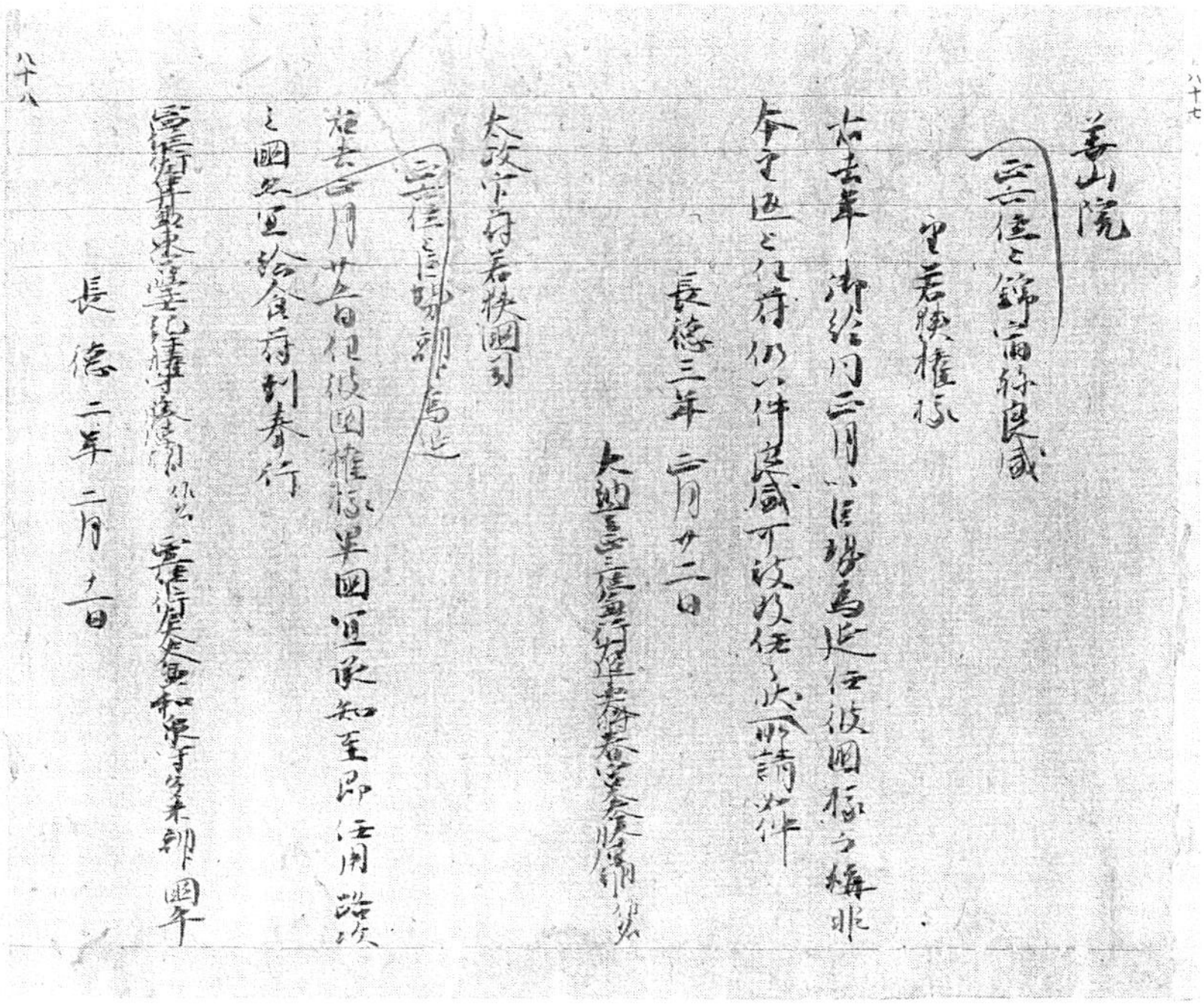

「毀　　符」(124頁参照)

(九条家旧蔵本　宮内庁書陵部所蔵)

『長保元秋』 尾張掾正六位上物部宿禰興種 返上東三条院(藤原詮子)永祚元年御給物部定興任符改任、

『長徳三秋』 紀伊大目正六位上大中臣朝臣永正 皇后宮(藤原遵子)長徳元年御給紀利廉返上任符替、

『寛弘七』 伯耆掾正六位上文〔室〕宿禰利常 皇大〔太〕后宮(遵子)永延元年御給返上伯耆国貴任符改任、

『延久三』 但馬掾正六位上草墻宿禰共近 返上皇大〔太〕后宮(藤原寛子)永承六年御給藤井久恒任符所任、

『長徳三秋』 備前権掾正六位上大蔵朝臣公時 尚侍(藤原)綏子正暦五年給石野元兼返上任符替改任、

『寛弘四』 筑後少目従七位上壬生公氏善 返上内大臣(藤原公季)寛弘□〔二ヒ〕年給秦助高任符改任、

『康平三』 播磨少掾正六位上刑部宿禰致親 返上右衛門督藤原朝臣(資平)天喜二年給安室頼里任符所任、

『康平六』 播磨目従七位上膳宿禰弘任 返上権中納言源朝臣(俊房)康平三年給山成重任符、仍改任、

『延久三』 伊予掾正六位上阿刀宿禰有友 返上皇大〔太〕后宮大夫源朝臣(経長)康平二年給二合刈田直重任符改任、

『保安元』 伊予大掾正六位上紀朝臣守遠 返上左大臣(源俊房)永久(貞ヒ)五年給二合越智貞吉任符代、

正六位上紀朝臣守遠

右去永久五年給二合、以越智貞吉申任伊予国大掾、而称非本望不赴任、仍返上貞吉任符、以件守遠可被改任之状、所請如件、」

元永三年正月廿六日従一位行左大臣源朝臣俊房

合

太政官符伊予国司

正六位上越智宿禰貞吉 ＼(鉤点一二〇・一二四頁参照)

右去永久五年十二月廿日任彼国大掾畢、国宜承知、至即任用、縁海之国亦宜給粮、符到奉行、

造東大寺長官正四位下行左中弁兼遠江守藤原朝臣(為隆)在判　修理右宮城判官正五位下行内匠頭兼左大史算博士越後介□〔小槻ヒ〕□宿禰(盛仲)在判

元永元年六月十日

『□〔治ヒ〕安元秋』

大宰権大監正六位上上毛野朝臣師善　返上帥源朝臣(経房)申任藤原頼輔任符改任、　『(藤原)実資』

帥請任符返上尻付事

『今案』

返上権帥源朝臣請『去年請、』去年所任藤原頼輔任符改任、

如此可有歟、不□〔注ヒ〕給年、□□□〔不打任ヒ〕事□〔也〕、

国替

『□〔延ヒ〕久二』

能登少掾従七位上紀朝臣国任　返上治部卿源朝臣(隆俊)治暦三年給備後掾任符改任、

『同三』

周防権掾正六位上秦宿禰行国　返上右大臣(源師房)康平元年給二合土左掾任符替、

『応徳三』

播磨少目従七位上秦忌寸今重　返上□□□〔左大臣ヒ〕承保二年給美作目任符改任、　『(源)俊房』

『国替不任所望国例』
従七位上秦忌寸今重\
右去承保二年給、承暦二年二月以件今重申任美作少目、而煩病之間空忌〔忘カ〕着任、秩満之後更難進発、仍返上任符、以同今重可被改任周防目之状、所請如件、
応徳三年正月廿六日左大臣正二位源朝臣俊房
太政官符美作国司
\従七位上秦忌寸今重
右正月廿日任彼国少目畢、国宜承知、至即任用、路次之国亦宜給食馬、符到奉行、
修理右宮城使正四位下行右〔左〕中弁兼文章博士伊予介藤原朝臣〔正家〕在判　従五位上行左大臣「史歟」兼備中介小槻宿禰〔祐俊〕在判
承暦二年二月一日」

名国共替」

『康平元』甲斐掾正六位上三枝宿禰成義　返上天喜四年内給遠江大掾田口久則任符所任、
『天喜五秋』鎮守府軍監正六位上高階朝臣時頼　返上故兵部卿致平親王天喜三年給讃岐掾藤原義国任符改任、
『長徳四』遠江大目正六位上秦宿禰良助　民部卿藤原朝臣〔懐忠〕正暦三年給三河大目内部茂信任符返上代、
『永承二』土左権少目正六位上賀茂宿禰正富　返上参議藤原朝臣俊〔俊家〕、長久五年給阿波少目藤井友吉任符改任、
『保安二』参河少掾従七位上久米朝臣萩方　返上右近衛権中将源朝臣去年給二合美濃掾秋霧任符所任、」

『五節二合改任之時、不注其由例』

\従七位上久米朝臣萩方

望諸国掾、

右去年給二合、同正月以藤原秋霧申任美濃国掾、而称有身病不能着任、仍返上任符可被改任之状、所請如件、

保安二年正月廿二日参議従三位行右近衛権中将兼美作権守源朝臣雅定

\（鉤点一二〇頁参照）太政官符美濃国司

従七位上藤原朝臣秋霧

右去正月廿八日任彼国□〔少ヒ〕掾畢、国宜承知、至即任用、路次之国亦宜給食馬、符到奉行、

造東大寺長官正四位下行右〔左ヒ〕中弁兼遠江守藤原朝臣（為隆）在判　修理右宮城判官正五位下行内匠頭兼左大史算博士越前介小槻宿禰（盛仲）在判

元永三年三月六日

毀任符事

他家説、名上懸句、如常成柄、

家説、懸句之様見端、謂之毀符、

五節

名替

『長保二』 讃岐掾正六位上守部宿禰以済 停中納言平朝臣(惟仲)依献五節舞姫長徳四年給二合如木守任改任、

『同秋』 信濃掾正六位上久米宿禰滋延 『正暦五年献五節、』 停扶義朝臣(源)依五節献正暦六年二合菅野貞頼改任、

『寛弘四』 近江少掾正六位上源朝臣実光 停弾正尹藤原朝臣(時光)依献五節舞姫長保二年給二合土師茂正改任、

『長徳四』 信濃権少掾正六位上大宅朝臣清則 停扶義朝臣依正暦五年献五節舞姫長徳元年二合秦員友改任、

『長徳元秋』 播磨権少掾正六位上日置宿禰実輔 停大蔵卿藤原朝臣(時光)天元二年給依献五節二合三方為信改任、

『長保元秋』 淡路権掾正六位上紀宿禰豊明 停右大臣(藤原顕光)長徳二年給依献五節舞姫二合山村貞光改任、

『寛徳二秋』 陸奥掾正六位上丹波宿禰永任 『長久三年献五節、』 停権中納言藤原朝臣(兼頼)兼、長久四年給依献五節舞姫二合所任物部致任改任、

『永承四秋』 播磨大掾正六位上分王宿禰明平 『永承二年献五節、』 停参議藤原朝臣去年給依献五節舞姫二合所任秦常武改任、

『長徳三秋』 淡路掾正六位上酒井宿禰吉仲 停依献右大臣(藤原顕光)去年五節舞姫二合登美博忠改任、

『長保二秋』 讃岐掾正六位上勾直尚長 停中納言平朝臣(惟仲)長徳四年依献五節舞姫二合守部以春改任、

『天喜二』 播磨大掾正六位上菅原朝臣末信 『永承六年献五節、』 停右大臣(藤原教通)永承七年依献五節舞姫二合所任宮郡人延武所任、

名国共替

『延久五』 讃岐少掾正六位上若江宿禰頼倫 『治暦四年献五節、』 停右近衛中将源朝臣(隆綱)依治暦四年献五節二合美作掾物部今吉改任、

『嘉保元』 越中権掾従七位上伴宿禰依武

『官姓不合公卿補任、誰人哉、』
停太〔太〕皇大后大夫藤原〔源カ〕朝臣〔俊明カ〕依献五節舞姫
寛治六年給二〔宮ヒアリ〕合能登少掾藤井武名改任、

『保安元』 安藝大掾従七位上清原真人延影

停右兵衛督藤原朝臣永久四年給依献五節舞
姫二合所任加賀大掾大春日延行改任、」

従七位上清原真人延影

可勘合不、件卿去永久四年献五節舞姫、同五年給二合、以大春日延行申任加賀大掾、而任符未出、

望諸国掾、安藝、

右依去永久四年献五節舞姫、同五年給二合、以大春日延行申任加賀大掾、而称非本望不賜任符、仍以件延影可被改任之状、所請如件、

元永三年正月廿六日参議従三位行右兵衛督藤原朝臣実行」

三重

名替」

『長徳二』 大和権介正六位上藤原朝臣忠節

停東三条院〔藤原詮子〕去年臨時
御給平好光改任、」

可勘合不、件院長徳元年臨時御給、同八月以平好光任大和権介、而任符未出、

東三条院

正六位上藤原朝臣忠節

望大和介、

右長徳元年臨時御給、『以佐伯光普任之、』同八月以平好光任件国介、而依身病不賜任符、仍停件好光可被改任之状、所倩〔請ヒ〕如件、

長徳二年正月廿一日

左〔右〕大臣正二位藤原朝臣（道長）」

『康平七』

大宰大監従五位下豊嶋真人則方　停左大臣（藤原教通）永承六年給大蔵孝言改任、

『永承六年春当年給、以佐伯国辰任之、同秋以孝言改任大宰大監、』

『書給年例』『長保元』

近江大目正六位上大江宿禰高扶　停民部卿藤原朝臣（懐忠）長徳二年給日仕吉明改任、

『長徳二年春当年給、以刑部信正任之、同四年春以吉明改任、』

『長保二』

下野大掾正六位上高安宿禰節頼　停長徳二年内給大中臣頼高改任、

『長徳二年春以国長信任之、長保元春以頼高改任、』

『延久元』

大宰権大監正六位上建部宿禰国経　返上関白（藤原教通）長暦四年給二合藤原頼広任符改任、

『長暦四年給、以出雲重任備中掾、治暦四年春以頼広任大宰大監、』

『仁平元』

因幡掾正六位上藤原朝臣吉景　停権大納言藤原朝臣公、久安元年給二合中原頼重改任、」

可勘合不、件卿去久安元年二合給、以中原親重「頼敷」任因幡掾、而任符未出、

正六位上藤原朝臣吉景

望因幡国掾、

右去久安元年、以藤原親光申任件国掾、而称非本望不給任符、仍去年以中原頼重申補畢、頼重依身病亦不赴任、以吉景可被改任之状、所請如件、

仁平元年正月廿七日正二位行権大納言藤原朝臣公教」

『久寿二』
『不注其親王家如何、難書歟、而被任了、』

筑後権介従五位下藤原朝臣盛隆　停無品禎子内親王久安二年臨時給藤原親季改任、

可勘合不、　無品禎子内親王臨時給、仁平二年正月所任筑後権介藤原親季、任符未出、

従五位下藤原朝臣盛隆

望筑後権介、

右去久安二年臨時給、『美作権介三善滋盛任之、』仁平二年正月以藤原親季任件国権介、而以件盛隆可被改任之状、所請如件、

久寿二年正月廿六日

別当正四位下行播磨守源朝臣顕親

『建久七』

下総権介正六位上源朝臣兼澄　停殷富門院（亮子内親王）建久二年臨時御給藤原為定改任、

可勘合否、　件院去建久二年二月臨時御給、以大江俊実任彼国権介、而任符未出、同四年四月以藤原為定改任同介、

殷富門院

正六位上源朝臣兼澄

望下総権介、

右去建久二年二月臨時給、以大江俊実任下総権介、称非本望之由不賜任符、仍同四年四月以藤原為定任同介、
而依身病不赴任、仍以件兼澄可被改任之状、所請如件、

建久七年正月廿三日別当従二位権中納言兼左衛門督藤原朝臣隆房

『書改任年例』
『永承元』

近江大掾正六位上安倍朝臣頼兼　停二品提子内親王長久五年給国覔国光改任、

『長暦三年以田辺成孝任上総少掾、長久九〔五カ〕春以国光改之、』

〔天ヒ〕
『□喜二』

伊予権大目従七位上藤井宿禰秋成　返上中宮権大夫藤原朝臣〔経輔〕永承七年給藤井光吉任符改任、

『永承四年以中臣久季任安藝大目、同七年以光吉改任伊与権大目、』

『永承五』

土左介正六位上曾我部宿禰正任　停上東門院〔藤原彰子〕寛徳三年御給佐伯助松改任、

『寛徳二年秋以頼尚任之、同〔三〕春以助松改之、』

『治承二』

肥前少掾正六位上中原朝臣資康　停権大納言藤原朝臣実、去安元元年給二合藤井安弘改任、

可勘合否、　件卿承安三年給二合、安元元年十二月以藤井安弘任肥前少掾、而任符未出、

正六位上中原朝臣資康

望肥前少掾、

右停去承安三年給二合、安元元年正月所任紀則沢、同十二月以藤井安弘申任彼国掾、而依身病不赴任、仍以彼資康可被改任之状、所請如件、

治承二年正月廿六日正二位行権大納言藤原朝臣実房

国替

『治暦三』

伊予大目従七位上藤井宿禰今長　停皇后宮権大夫源朝臣〔経長〕治暦元年給近江目改任、

『治暦元年春任越前目、同秋返上任符、任近江、』

名国共替

『書給年例』『長保二』

紀伊少目従七位上粟田宿禰茂兼 停女御（藤原）義子長徳四年給吉志助延伊与大目改任、

『長徳四年以海幸見任伊与大目、長保元春以助延改任、』


『康平七』

安藝権少目従七位上山城宿禰安頼 停皇后宮大夫源（隆国）朝臣永承三年給常陸権少目高橋秋武改任、

『永承三年給以中原光方任越後少目、康平〔秋〕。以秋武改任常陸、』〔二ヒアリ〕

『治暦三』

周防権掾従七位上葛木宿禰高枝 停左大臣（藤原教通）寛徳元年給二合大宰大監源則経改任、

『寛徳元年秋以山成武任播磨大掾、永承三秋以則経任大宰大監、』

『仁平三秋』
土左大掾従七位上紀朝臣貞清 停左兵衛督藤原朝臣久安五年給二合讃岐掾大江時永改任、
可勘合不、件卿去久安五年二合給、以藤原季安任讃岐掾、而任符未出、
従七位上紀朝臣貞清
望土左〔大、〕掾、
右去久安五年給、以藤原季安任讃岐掾、而称身病不給任符、仁平元年正月以大江時永改任、称非本望之由、
仍以件貞清可被拝任彼国掾之状、所請如件、
仁平三年閏十二月十九日正三位行権中納言兼左兵衛督藤原朝臣忠雅

『書改任年例』『天喜五』

河内大掾正六位上佐伯朝臣兼則 停春宮大夫藤原（能信）朝臣天喜元年給二合美濃掾桑名宣光「兼歟」改任、

『永承四年給、以紀行武任美乃掾、天喜元以兼光改任、』

『康平二』

越中大掾正六位上射水宿禰好任　停春宮大夫藤原（能信）朝臣天喜四年給備中掾秦助頼所任、

『天喜二年春去年給、以尾張秀任任備中掾、同四秋以助頼改任、』

『給年・改任年共書例』

『安元二』

周防大掾正六位上清原真人花行　停権中納言藤原朝臣忠、承安元年給二合同二年所任能登少掾菅野友吉改任、

『国替不任所望国例　播磨任院当年御給、』（後白河法皇）

可勘合否、　件卿承安元年給二合、同二年正月以菅野友吉任能登少掾、而任符未出、

正六位上清原真人花行

望播磨掾、　周防大、

右去承安元年給、以内蔵則次任能登少掾、而依身病不給任符、同二年正月以菅野友吉雖改任、称非本望之由秩満、仍以件花行可被任彼国掾之状、所請如件、

安元二年正月廿八日従二位行権中納言藤原朝臣忠親

摂津権介正六位上橘朝臣兼光　停（藤原聖子）皇嘉門院承安□〔三ヒ〕年臨時御給去正月所任出羽介大江重忠改任、

『国替不任所望国例　（暲子内親王）信乃任八条院臨時申、日向任臨時内給、』

可勘合不、　件院今年正月臨時御給、以大江重忠任出羽介、而任符未出、

皇嘉門院

正六位上橘朝臣兼光

望信濃・日向等介、　摂津権、

右去承安三年正月臨時御給、以平盛俊被任出羽介、而称非本望不賜任符替、去正月以大江重忠雖申任同国介、称身病不賜任符、□□〔仍以ヒ〕件兼光可被任彼国介之状、所請如件、

安元二年十一月三日別当正二位行中納言藤原朝臣邦綱

四重

『長保二』
加賀掾正六位上野中宿禰守延　停右大臣(藤原顕光)長徳三年給錦輔成改任、
『長徳三年春当年給、以橘茂方任之、長保元春以上建部利政改任、同秋以輔成改之、』

『長保元』
土左掾正六位上民連吉景　停内大臣長徳元年給二合大石福光改任、
　可勘合不、　件大臣長徳元年給二合、同三年正月以大石福光任土左掾、而任符未出、

＼正六位上民連吉景
　望土左掾、
右去長徳元年給二合、『元年給大私重忠、二年秋源満、』同三年正月以大石福光申任件国掾、而福光依煩身病不給任符、仍以吉景可被改任之状、
所請如件、
　長保元年正月廿八日内大臣従二位兼行左近衛大将藤原朝臣(公季)作名

『永承六秋』
美作権大目正六位上清原真人吉武　停権中納言藤原朝臣兼(兼頼)、永承四年給尾張大目佐伯守信改任、
『長久二年以忌部今武任能登目、寛徳元秋以同則重改任之、永承四年以守信改之、』

五重

『長保元』美濃介従五位上十市宿禰明理（停冷泉院天暦六年臨時御給下野権介忍海高晴改任、）」
『天暦六年以小槻滋兼任下野権介、長徳二秋以大春日遠晴改任、同三秋日下部惟遠改、同四春以高晴改、』

更任」

『延長三』薩摩権掾正六位上藤原朝臣直生（〔保明親王〕前坊〔延喜〕十八年御給以大国安国補任、廿年改任直生、而去年計先歴被任其替、仍更任、）『貞〔信〕公』（藤原忠平）

『天元二』肥前介正六位上別公種国（〔太〕〔昌子内親王〕皇大后宮安和二年臨時給貞元二年三月以件種国所任不給任符秩満更任、）〔源〕『雅信』

『永観二』淡路掾正六位上掃守宿禰業茂（〔為平〕式部卿親王天禄三年給件業茂不給任符更任、）『同』

『永観二』備中掾正六位上藤原朝臣文説（〔藤原頼忠〕太政大臣天延元年給同文説秩満更任、）『同』

『永観二』上野権大掾正六位上上毛野朝臣公平（天元二年内給同二年不給任符秩満更任、）『同』

『康平七』大宰少典正六位上紀朝臣吉任（故権中納言〔源〕顕基卿長元六年給不給任符、仍更任、『公卿給有秩満字、』）

『保延四』伊予少目正六位上三枝宿禰牛友（按察使藤原朝臣長承二年給以件牛友所任、而不給任符秩満、仍更任、）」

可勘合不、（件卿去長承二年給、以件牛友任伊予少目、而任符未出、）

\ 正六位上三枝宿禰牛友
望伊予少目、
右去長承二年給、同正月以件牛友任彼国少目、而依身病不賜任符秩満、仍可被更任之状、所請如件、
保延四年正月廿日正二位行権大納言兼陸奥出羽按察使藤原朝臣実行」

『建久六秋』
越後少目従七位上伴宿禰秀利　右近衛大将藤原朝臣建久元年給不給任符秩満、仍更任、
可勘合不、　件卿去建久元年給、以彼秀利任越後少目、而任符未出、
従\七位上伴宿禰秀利
望越後少目、
右去建久元年給、同年十月以件秀利任彼国目、而依身病不賜任符秩満、仍可被更任之状、所請如件、
建久六年十二月八日正二位行権大納言兼右近衛大将藤原朝臣頼実

『万寿元秋』
因幡掾正六位上豊原朝臣職重　故太政大臣（藤原頼忠カ）永祚元年給以件職重任同国、而未給任符秩満、仍更任、　（藤原）『実資』

『応徳三』
紀伊大目従七位上越智宿禰助友　無品祐子内親王永保二年給以件助友所任、而不給任符秩満、仍更任、　（源）『俊房』
可勘合不、　件内親王去永保二年給、同年正月以助友任紀伊大目、而任符未出、
無品祐子内親王家
従\七位上越智宿禰助友
望紀伊大目、
右去永保二年給、同年正月以件助友申任彼国大目、而不給籤符任秩空暮、仍可被更任之状、所請如件、
応徳三年正月廿六日散位従四位下藤原朝臣義綱

三重更任

『長徳四秋』

○ヒ本ココニ「押紙、秩満隔人更任也、私案、」アリ、

土左権少目正六位上東部宿禰材君 故(藤原頼忠カ)太政大臣天元四年給日置久忠任、而不給任符秩満、仍更任、」

可勘合不、

故太政大臣家

正六位上東部宿禰材君

右去天元四年給、以件材君任土左権少目、而依身病不赴任之替、去、、、年以日置久忠改任、又称非本望不給任符秩満、仍以材君可被更任之状、所請如件、

長徳四年、、、、」

『長徳二秋』

山城権少掾正六位上大鹿宿禰衆忠 前兵部卿敦〔致カ〕平親王貞元々年巡給二合同国掾錦良忠不給任符秩満、仍更任、」

可勘合不、

故兵部卿親王家(マヽ)

正六位上大鹿宿禰衆志〔忠ヒ〕

望山城権少掾、

右去貞元々年巡給二合、以件衆忠任彼国掾、而依身病不赴任之替、去、、、年以錦良忠改任、又称非本望不給任符秩満、仍以衆忠可被更任之状、所請如件、

長徳二年、、

件等成文推量暫書之、」

『長元八』 陸奥少目正六位上藤井宿禰成高 (藤原威子)中宮長元四年御給陸奥目清原光枝不給任符秩満、仍更任、」

此尻付有疑、非三重者、不可有更任之儀也、而注秩満之由、長元四年春以成高任之、同秋以光枝改任歟、而件秋除目光枝不見、若直物之次任之歟、」

『治安二春』 伊勢介正六位上土師宿禰連兼 停去年臨時内給大鹿国廉改任、

『同[年]秋』 伊勢介正六位上大鹿宿禰国廉 停去年臨時内給土師連兼改任、『可注更任也』」

○ヒ本ココニ「押紙、任中隔人更任也、私案、」可勘合不、アリ、

正六位上大鹿宿禰国廉

右去年臨時内給、以件国廉任伊勢介、而依身病不給任符之替、今年正月以土師連兼改任之、而称非本望又不赴任、仍以国廉如本可更任之、

治安二年九月廿二日

此申文不見正文、以両尻付推量書之、然者国廉尻付可注更任也、若申文不載以前事、只如普通名替書之歟、可尋、

治安元年春秋除目、伊勢介無任人如何、若直物之次任之歟、」

任符返上」

『天元二』 常陸大掾正六位上藤原朝臣師頼 (昌子内親王)皇太后宮天禄元年御給同師頼秩満返上任符更任、 (源)『雅信』」

『天元四』 因幡少目従七位上出部宿禰正信 左衛門督源朝臣(重光)貞元元年給不着任秩満返上任符更任、 『同』

『天元五』 日向権介正六位上藤原朝臣保輔 冷泉院貞元二年臨時御給藤原保輔返上任符更任、 『同』

『治安三』 陸奥権少掾正六位上於保宿禰公親 返上前一条院永観二年御給於保公親任符更任、 『(藤原)実資』

『寛治六』 丹波掾正六位上紀朝臣季名 返上左大臣(源俊房)永保二年給同季名任符更任、 『(源)俊房』

任符返上更任尻付事

『今案』
左大臣永保三年給二合、以件季名所任、而返上任符更任、
如此可有歟、以前例皆不甘心、」

転任」

『寛徳二』『以小〔少カ〕転大例』 播磨大掾正六位上刑部真人有時 一品章子内親王去年給改少転大、

『永承七』 備前大目正六位上清原真人定任 右衛門(マヽ)督源朝臣去年給停少字大字給、

『康平六(七ヒ)秋』 加賀大掾正六位上藤原朝臣友俊 停皇〔太〕大后宮大夫藤原朝臣(資平)当年給二合所任小〔少カ〕字、

『以権転正例』『延長三十』 阿波少目従七位上矢田部宿禰惟実 (源)悦朝臣給改権為正、 『貞〔信〕仁公』(藤原忠平)

『長保二秋』 備中掾正六位上藤原朝臣善理 停〔故脱カ〕太政大臣天元三年給権掾改任、

『永承五』 備中掾正六位上物部宿禰知貞 停故一品脩子内親王去年給権字所任、

『康平元秋』　備中掾正六位上賀陽宿禰利実　皇后宮大夫源(隆国)朝臣天喜四年給止権字所任、

『康平三』　備中掾正六位上賀陽宿禰利実　停皇后宮(藤原寛子)去年御給件利実権字所任、

『長暦元秋』　加賀掾正六位上上道公憲政　前冷泉院寛弘八年給以件憲政任権掾、而不給任符、仍改任、『去年所任也、』　(藤原)『実資』

『天仁二』　美濃介従五位下紀朝臣兼信　以権改正、『此書様奇異、』『公卿給云、停嘉承二年臨時内給権字所任、』　(源)『重資』

転任尻付事　転大之時改字、転正之時停字、

以権改正例　永承五・康平三例、共可用、

以少転大例

『今案』改皇后宮大夫藤原朝臣当年給二合少字所任、

如此可有歟、

名替

『康保四五』　播磨大掾従七位上高市宿禰忠利　昌子内親王去年給以品治春真任権少掾、而停春真改任、　(藤原実頼)『清慎公』

『天元二』　播磨少掾正六位上播磨造利明　停去年内給権少掾任良明改任、

『長徳四』　伊予大目正六位上文室真人有永　停民部卿藤原朝臣(懐忠)正暦四年給権少目雀部益高改任、

『長保二』　伊予大目正六位上讃岐朝臣義方　停恵子女王永祚元年給同国少目為奈部利満改任、

『長元々』　但馬掾正六位上菅原朝臣重近　東宮（敦良親王）寛弘七年別巡御給同国権掾生羽久時不給任符秩満代、　（藤原）『実資』」

任符返上

『永観二』　参河大目正六位上柏原宿禰茂明　天元四年内給権少目国兼保返上任符改任、　（源）『雅信』」

『長徳二秋』　備中目正六位上弓削連有方　停当年内給権字任符返上改任、

『長徳四』　遠江掾正六位上祝部宿禰興国　停春宮（居貞親王）坊去年御給件興国返上任符権字、

『康平七』　播磨大目従七位上矢田部宿禰秀光　返上故民部卿（源）道方治安四年給少目任符替、

『長元五』　大和介正六位上紀朝臣重俊　返上長和六年臨時内給権介重俊任符所任、　『実資』

『長元六秋』　備中掾正六位上弓削宿禰氏貫　返上一品章子内親王当年給同国権掾任符所任、　『同』」

任符返上転任尻付事

返上一品章子内親王当年給二合件氏貫権掾任符、所任、

如此可有歟、」

(表紙外題、九条道房筆)
「大間成文抄第二下　春外国二下」

以目替掾二合

『昌泰三正』　大和権少掾正六位上安倍朝臣惟良　停春宮(敦仁親王)去寛平九年給出羽権少目坂上秋宗及同年一分二合、　『(藤原)時平』

『延喜五四(正ナ)』　美濃権大掾正六位上伴朝臣良友　停中務卿親王去四年臨時給同二年一分、　『同』

『天元四秋』　尾張掾正六位上民連全成　太政大臣(藤原頼忠)康保元年給権大目額田秀倫不給任符秩満替二合所任、　『(源)雅信』

『天元々秋』　丹波権掾正六位上伴宿禰利生　兵部卿親王(致平親王)中停天暦九年内給御処分常六(陸)目式義二合所任、　『同』

『長保二春』　備中権掾正六位上藤原朝臣善理　停故太政大臣天元三年給上総権大目坂上岡真二合改任、(所ヒ)

転任二合尻付事

『今案』
故太政大臣天元三年給、以件善理任権大目、而二合所任、
同人転同国掾之時、如此可有歟、
若転他国掾者、可注本国名其目也、

『今案』
其人其年給以件某任大目、而去年依献五節舞姫二合所任、
依五節転任之時、如此可有歟、

停女爵申

『寛平十正』加賀権掾従七位下藤原朝臣直蔭　従五位上藤原季子返上位記所申、『(藤原)時平』

『昌泰三正』能登介正六位上源朝臣忠　従五位下源艶子返上位記所申、『同』

『延喜六京』加賀権介正六位上源朝臣仲明　停従五位下源仁子爵申補、『同』

『延喜七正』豊後権介正六位上藤原朝臣春成　陽成院停女叙位所申、『同』

『天元五』越後権介正六位上藤原朝臣季明　女蔵人橘明子停可叙爵所入、『(源)雅信』

女位記返上尻付事

『今案』掌侍藤原朝臣頼子返上従五位上位記申任、

(押紙)「此間改名之趣、相博之趣等アリ、」

諸寺申

名替

『天元二』豊前掾正六位上菅原朝臣成生　停円融寺造仏料所任藤原守雅改任、『雅信』

『永観二』甲斐権介正六位上源朝臣興堪　円融寺申停去年所任安倍信義改任、『同』

『天暦八』上野権少掾正六位上藤原朝臣正蔭　停崇福寺申藤原正直改任、『(藤原実頼)清慎公』

『長徳二』　筑後権介正六位上常陸連春藤　停醍醐寺永祚二年給作料尾張彦理改任、　」

『長保元』　出雲介正六位上各務宿禰棟雄　停長徳四年醍醐寺修理料能登守忠改任、　」

国替

『永観二』　出羽権守従五位下懐行王　石清水申駿河権守改任、　(源)『雅信』　」

名国共替

『長徳四』　出雲介正六位上能登連守忠　停醍醐寺修理料去年給下野介浅井孝奴〔好ナ〕改任、　」

『同二』　武蔵権少掾正六位上佐伯朝臣得信　佐比寺修理料去天元四年十月所任大隅権掾村主貞信不給任符秩満替、　」

『長保元秋』　越中権介正六位上飯高市光　停安祥寺修理料永延三年給安藝介垂水仲遠改任、　」

任符返上

『貞元三秋』　肥後権介正六位上藤原朝臣頼兼　東大寺造料藤遠美返上任符所任、　『雅信』　」

転任

『永観元』　陸奥大掾正六位上藤原朝臣正時　石山寺申去年所任停権字、　『雅信』　」

行事所申

名替

『天元四』遠江介正六位上大中臣朝臣高平　停御造仏所去年申大住季高改任、　(源)『雅信』

『永観元』下野介正六位上尾張宿禰恒興　停一切経所申滋生久遠改任、　『同』

名国共替

『天元四』信濃権介正六位上丹波直茂忠　停御願一切経所申参河介清原朝佐改任、　『雅信』

『永観元』肥後少掾正六位上藤原朝臣保美　停宜陽殿御物所申筑前掾邦光改任、　『同』

成功

名替

『天暦八』鎮守府権軍監正六位上坂上大宿禰岑行　停斎院(婉子内親王)天暦四年禊祭料壬生時禰改任、　(藤原実頼)『清慎公』

『同』豊後権掾従七位上高向朝臣如吉　停斎宮(悦子女王)天暦『慶』七(六ヒ)年衣服料代菅原良樹改任、　『同』

『永観元』甲斐権掾正六位上菅野朝臣倫随　停太(衍カ)皇大后宮(昌子内親王カ)御願堂料加賀掾伊豆近(木ヒ)大(太ヒ)改、　『雅信』

(押紙)「此間親王巡給」

前官　前斎宮・斎院不注其由、只注品名、

廃后

『昌泰三』
若狭権掾正六位上津守宿禰海恒　前皇后宮属、　(藤原)『時平』
件后宮者、皇大后〔太ヵ〕藤原朝臣高子、清和天皇女御也、二条后是也、
寛平八年九月廿二日廃之、天慶六年五月復本位、

女御

『治安三』
武蔵大目正六位上物部宿禰利世　停前女御藤原義子寛弘六年給秦真延改任、　(藤原)『実資』
可勘合不、　件女御寛弘六年給、寛仁四年十一月以秦真延任武蔵大目、而任符未出、
前女御藤原義子家　『一条院女御、長徳二年七月入内、万寿三年十二月出家、天喜元年閏七月薨、』
正六位上物部宿禰利世
望武蔵大目、
右寛弘六年給、寛仁四年十一月以秦真延申任彼国大目、而真延不給任符、仍以件利世可被改任之状、所請如件、

治安三年二月十日散位従五位下平朝臣順忠」

『寛治八』左兵衛権少尉正六位上源朝臣重時 前女御藤原道子朝臣寛治二年給、」

件女御寛治三年（善子内親王）斎王下向時同輿、留伊勢不帰京師、然者若不出家歟、而上（白河）皇未出家給之間也、以何事

加前字哉、有疑、」

典侍」

『永観二秋』主水権令史正六位上水宿禰有雅 前典侍（橘）恭子申、『（源）雅信』」

公卿」

『保安二』播磨大掾正六位上佐伯宿禰時重 前関白当年給二合所任、『今度同名替、同注前関白、』」

可勘二合年、 件従一位二合給当今年、

従七位上佐伯宿禰時重

望播磨掾、

右当年給二合、所請如件、

保安二年正月廿二日従一位藤原朝臣忠（実）—」

『同』近江少掾正六位上中原朝臣宗康　停従一位源朝臣元永三年給二合讃岐掾秦是貞改任、」

可勘合否、　件大臣去元永三年給二合、同年正月以秦是貞申任讃岐掾、而任符未出、

正六位上中原朝臣宗康

右去元永三年給二合、同年正月除目、以秦是貞申任讃岐掾、而称有身病不能着任、仍以件宗康可被改任近江掾之状、所請如件、

保安二年正月廿一日従一位源朝臣俊房」

『康和二秋』内舎人正六位上源朝臣経兼　従一位藤原朝臣延久四年給二分代、　『俊房』」

正六位上源朝臣経兼

望内舎人、

右去延久四年給未補二分代、所請如件、

康和二年十二月十四日前太政大臣従一位藤原朝臣師実

以前度々御申文更不載太政大臣、〔今ヒ〕之度有之、」

『保安三』備中大目正六位上上毛野朝臣助国　前太政大臣当年給、　『(源)雅実』『有仁同之、(源)』」

正六位上上毛野朝臣助国

望諸国目、　備中、

右当年給、所請如件、

保安三年正月廿一日従一位藤原朝臣忠―(実)

『承安四秋』図書助正六位上藤原朝臣隆実 前太政大臣(藤原)『忠雅』二合申、

注前其官例

家説

『当年在端、』保安二 前関白二所、当年、名替、

『同』承安四秋 前太政大臣、

他家説

『在端、』保安三 前太政大臣、

天承二 同、(藤原忠実)

注位姓尸例

家例

『在端、』保安二 従一位藤原朝臣、(源カ、一四六頁参照)

他家例

『在端、』康和二秋 同上、(藤原師実)

(源)俊房説毎度如此、抑大臣不書姓尸、而前官之時更書之、無理云々、」

『天暦八』
上野権少目従六位上多治比部公忠臣　従三位伴朝臣天慶九年給、『伴卿前参議大蔵卿保平、天暦四年致仕、』　『(藤原実頼)清慎公』

○ヒ本ココニ「前参議亦常事云々、裏書、」アリ、」

出家　院宮・内親王無差別、

女御」

『寛和二』
常陸権介正六位上藤原朝臣元輔　停庄(荘)子女王天元二年臨時給藤原昌守改任、　『(源)雅信』」

件人村上女御、康保四年出家、未出家之間注女御庄(荘)子歟、出家以後更注女王、」

『天元二』
常陸権介正六位上橘朝臣在正　(荘子女王)入道女御申、　『雅信』

丹波少掾従七位上清原真人成沢　前女御源朝臣基子当年給、

『永久四』
丹後大目従七位上内蔵朝臣吉国　前女御源朝臣基子当年給、」

前女御源朝臣基子家　『後三条院女御、出家、』

＼従七位上清原真人成沢

望諸国掾、　丹波少、

＼従七位上内蔵朝臣吉国

望諸国目、丹後大、

右当年給、所請如件、

永久四年正月廿八日」

『永久四』

因幡少掾正六位上藤井宿禰梅行 前女御藤原朝臣道子当年給、

出雲少目従七位上榎本宿禰春武 前女御藤原朝臣道子当年給、」

前女御藤原朝臣道子家 『白川院女御、出家、』

＼正六位上藤井宿禰梅行

望諸国掾、因幡少、

＼従七位上榎本宿禰春武

望諸国目、出雲少、

右当年給、所請如件、

永久四年正月廿八日」

『治承四』

出雲少掾正六位上丹波朝臣則行 前女御琮子当年給、

加賀大目従七位上藤井宿禰牛方 前女御琮子当年給、」

女御従三位藤原朝臣琮子家『後白川院女御、出家、』
正六位上丹波朝臣則行
望諸国掾、出雲少、
従七位上藤井宿禰牛方
望諸国目、加賀大、
右当年給、所請如件、
治承四年正月廿六日
加姓尸例
長治二　前女御源朝臣基子、　治承元　前女御藤原朝臣琮子、
不加姓尸例
承保二　前女御基子、(源)　永久四秋　前女御道子、(藤原)
承安四　前女御琮子、　安元二　同、
治承元　同、　同二　同、
同三　同、
親王
『長徳三』
周防掾正六位上大原朝臣弘胤　停前兵部卿親王(致平)安和元年巡給二合大宅光忠改任、

『同四』　山城権少掾正六位上大日置宿禰栄光　停前兵部卿致平親王去貞元々年巡給二合大和守理改任、

『長久五』　伊予大掾正六位上酒人真人重成　停前式部卿親王去年給紀是光改任、

『永承五』　安藝掾正六位上凡宿禰知定　停前式部卿敦儀親王永承三年給近江掾紀利武改任、

『康平三』　讃岐掾正六位上凡宿禰頼助　入道師明親王康平元年給二合、

『天喜二』　駿河少掾従七位上安部〔倍〕宿禰俊助　入道師明親王当年巡給二合、

○ヒ本ココニ「入道字慥事也、公卿准之、裏書、」アリ、

『(藤原)頼宗』

」

可勘当否、件親王巡給二合当今年、

入道師明親王家

\従七位上安倍朝臣俊助

望諸国掾、

右当年巡給二合可被任之状、所請如件、

天喜二年正月廿日散位正四位下藤原朝臣師成

」

公卿

」

『長徳二秋』　但馬介正六位上清原真人宗高　『誰人哉、(源)雅信歟、然者故者也、』停入道左大臣寛和三年臨時給良雅頼改任、

『保延三秋』　紀伊大目従七位上藤井宿禰重久　前治部卿源朝臣『雅兼』保延元年給、

〔寛徳七〕『□□元秋』

常陸大目従七位上安倍朝臣信孝　停前兵部卿藤原『定頼』朝臣長久二年給加賀大目榎野長清所任、

『治安三』

備前介従五位下石野宿禰行信　前太政大臣〔藤原道長〕臨時給、『御堂、准后人、』　『〔藤原〕実資』

前太政大臣臨時被申、

従五位下石野宿禰行信

望備前介、

治安三年二月　日

故者

諸院

『永承元秋』

修理亮正六位上藤原朝臣惟綱　後朱雀院長元七年御給、

『承保三』

左馬少允正六位上平朝臣貞資　後三条院天喜五年『○』御給、『前坊、公卿給有之、』　『〔源〕師房』

可勘給不、　件院去天喜五年内官御給未補、

「三敷」

後二条院

正六位上平朝臣貞資

望諸司三分、　左馬允、

右前坊去天喜五年御給未補、仍所請如件、

承保三年正月十六日正二位行権大納言兼春宮大夫藤原朝臣能長

坊時御給、崩御之後被任例

長元六年

右兵衛尉源能任　前三条院寛弘二年内官給、

天喜二年

主殿助藤原師国　後朱雀院万寿三年御給、

承保元年

主殿助藤原伊信　後三条院康平六年御給、

『中陰被任例』
『寛徳二秋』

大学少允正六位上源朝臣兼国　〔後脱カ〕朱雀院当年御給、

〔周ヒ〕
『□期間被任例』
〔忌カ〕
『承保二』

備中掾正六位上坂上宿禰礼光　前上東門院〔藤原彰子〕当年御給、

備前大目正六位上山宿禰成行　前上東門院御給、
『元年十月崩御、』

『長徳二』

美作少目正六位上播磨宿禰春本　停〔円融天皇〕安和二年故朱雀院内給采女有蔭改任、

『長久五』

備後掾正六位上紀朝臣為信　前冷泉院天延二年御給播磨掾紀高根不給任符秩満代、

『長保五』

豊前掾正六位上依智秦宿禰兼倫　停〔藤原詮子〕前東三条院長保三年臨時御給三船正利改任、

可勘合不、　件院長保三年臨時御給、同年八月以三船正利任豊前掾、而任符未出、

前東三条院

＼正六位上依智秦宿禰兼倫
望豊前掾、
右去長保三年臨時御給、同年八月以三船正利任豊前掾、而依身病不賜任符、仍以件兼倫可被改任之状如件、
長保五年正月廿八日
左大臣正二位藤原朝臣（道長）」

『康平四』
大学允正六位上橘朝臣致綱　前小一条院（敦明親王）長元九年御給、

『治安元秋』
大蔵少丞正六位上藤原朝臣章経　前三条院寛仁元年内官御給、　『（藤原）実資』」

加前字例
長久五春　前冷泉院、両所、
寛弘四春　前東三条院、両所、
加故字例
長治二春　『公卿給前字、』故陽明門院（禎子内親王）
不加前字例
長徳三春　朱雀院、（円融上皇）　同秋　同、
同四秋　同、両所、　長保元春　同、四个所、

同二春　同、四所〔个〕、　長久五春　後一条院、

永承元春　後朱雀院、　同秋　同、

寛弘四春　東三条院、

今案、自本有院号之人、必可加故・前等字、所謂冷泉院・小一条・女院等之類也、

崩御之後初有院号之人、不可加故・前等字、所謂後一条・後朱雀・白河・鳥羽等之類也、」

諸宮」

『中陰被任例』
『天暦八』　陸奥権大掾正六位上山辺後蔭（脱アルカ）　前中宮〔太ヒ〕（藤原）『皇大后穏子、注中宮如何、』当年御給、　（藤原実頼）『清慎公』

紀伊大目正六位上秦忌寸基連　前中宮当年御給、『去四日崩、』

『長保二秋』　信濃掾正六位上丈部連衆延　前太皇大〔太ヒ〕后宮長徳四年御給、『昌子内親王也、長保元年十二月崩、』

〔万ヒ〕
『□寿元』　近江権少目正六位上紀朝臣秋友　前大〔太〕皇大〔太ヒ〕后宮正（昌子内親王カ）暦四年御給、　（藤原）『実資』

『応徳元秋』　雅楽権少允正六位上平朝臣奉忠　前中宮（藤原賢子）当年御給、　（源）『俊房』」

前中宮職

正六位上平朝臣奉忠

望諸司允、雅楽、

右当年　御給、所請如件、

応徳元年十二月廿六日」

少監物正六位上紀朝臣実俊　(藤原賢子)故中宮応徳元年御給、『同』」

『康和六』

可勘給不、件職去応徳元年内官御給未補、

中宮職

\正六位上紀朝臣実俊

望少監物、

右去応徳元年　御給未補、所請如件、

康和六年正月廿六日正二位行大納言兼大夫陸奥出羽按察使源朝臣師忠」

『久寿二』

内匠助正六位上平朝臣範貞　〔太〕(令子内親王)前太皇大后宮永治元年御給、」

可勘給不、〔太〕〔太〕前大皇大后宮職去永治元年内官御給未補、

〔太ヒ〕〔太〕前大皇大后宮職

\正六位上平朝臣範貞

望諸司助、内匠、

右去永治元年御給内官未補、仍所請如件、

久寿二年正月廿八日

正三位行大宰権帥藤原朝臣忠基」

准后」

『永承五』伯耆目従七位上立花宿禰清武　停故一品資子内親王長元五年給越前大目紀成重改任、

『天喜四』甲斐少目従七位上紀朝臣光安　停前一品資子内親王寛弘五年給石見目史部宗忠改任、

『康平七』備後少目従七位上土師宿禰武国　停前一品資子内親王天延二年給在原宗任改任、

『同八』参河大目従七位上凡宿禰吉友『故字・前字其例共多、』　停故資子内親王長保四年給播磨大目佐伯光奉改任、

『長徳三』石見権掾正六位上秦宿禰陸吉　故恵子女王永延元年給三善親光改任、

『天喜五』周防権掾正六位上石作宿禰藤武　故従一位源朝臣(倫子)長久四年給、

『延久五』大舎人助正六位上藤原朝臣永雅　故従一位源朝臣(倫子)天喜元年給、

〔右ヒ〕左兵衛権少尉正六位上藤原朝臣通季　前従一位源朝臣倫子寛徳元年給、　『(源)俊房』」

前従一位源朝臣倫子家

正六位上藤原朝臣通季

望左右兵衛尉、

右去寛徳元年給未補、所請如件、

『嘉保三』嘉保三年正月廿二日従一位藤原朝臣師実」

親王」

『長徳三』播磨少掾正六位上笠朝臣忠稔　停故兵部卿永平親王永観元年巡給日下部如雅改任、

『同』上野大掾正六位上壱志公倫明　停故元利親王応和二年給二合凡海興美改任、

『同四』上野大掾正六位上県連乙長　停故弾正尹元利親王去応和二年巡給二合浅井善隆改任、

『□〔永ヒ〕承六』大宰権少監従七位上丹波朝臣頼実　停故入道兵部卿致平親王去年給源成国改任、

『治安三』出雲権掾正六位上日下部宿禰為勝　故式部卿為平親王長保三年給肥後従掾〔権ヒ〕宇治元信不僅〔給ナ〕任符秩満代、　『実資（藤原）』

『治安三』上総権少掾正六位上佐伯朝臣真重　故前常陸大〔太ヒ〕守昭平親王寛弘四年巡給二合備後掾坂本元兼不給任符秩満代、　『実資』」

可勘合不、　件親王寛弘四年巡給二合、長和五年二月以坂本元兼任備後掾、而任符未出秩満已了、

故前常陸太守昭平親王家

正六位上佐伯朝臣真重

望上総大掾闕、権、

右去寛弘四年巡給二合、長和五年二月以坂本元兼任備後掾、而不給籤符任秩空暮、仍以真重可被改任件国之状、所請如件、

治安三年二月十日左少弁正五位下兼行文章博士東宮学士藤原朝臣義忠

有官親王不書官例

長徳二　故永平親王、　同三　故元利親王、

長保元　故永平、、故元利、、　寛弘七　故敦道親王、故永平、、

官名共書例

永承五　故兵部卿致平親王、　天喜二　同、

天喜三　同、二所、　同五　同、

康平三　故式部卿敦保親王、

已上無注前字之例、必加故字、為不混前官也、」

〔長徳ヒ〕『□□四』

河内大掾正六位上当麻真人輔正　停故敏子内親王天元三年巡給刑部延忠改任、」

可勘合不、　件内親王天元三年巡給、長徳二年八月以刑部延忠任河内権大掾、而任符未出、

故無品敏子内親王家

正六位上当麻真人輔正　左京人、

望河内権大掾、

右去天元三年巡給二合、長徳二年八月以刑部延忠申任件国権大掾、而依有身病不給任符、仍以件輔正可被改任之状、所請如件、

長徳四年正月廿三日参議従四位上守勘解由長守〔官ヒ〕兼伊予守源朝臣（俊賢）作名

無品親王必加故字、無加前字之例、

女御

『保延四』 淡路大掾正六位上紀朝臣兼次 故(源)基子女御長承四年給、

尚侍

『寛弘七』 讃岐権掾正六位上笠朝臣正明 停故尚侍(藤原)綏子正暦三年給二合美努吉任改任、

公卿

『長徳元秋』 播磨少掾正六位上勝部連節相 前関白『道隆』(藤原)正暦五年給二合所任、

『同二』 河内大目正六位上津守連安友 停故太政大臣『実頼』(藤原)康保二年給秦貞宗改任、

『同』 美濃権大掾正六位上国造美茂 停贈太政大臣『道兼』(藤原)去年給二合葛木滋見改任、

『同』 伯耆大目正六位上物部連為治 停故入道左大臣『雅信』(源)安和二年給加賀目宗岳高兼改任、

『寛弘四』 武蔵権大目正六位上雀部宿禰安光 停故左大臣『重信』(源)寛和元年給三宅助直改任、

『治安三』 肥後大掾正六位上秦宿禰千勝 停故左大臣(重信)正暦五年給二合民保延改任、

『実資』(藤原)

可勘合不、件大臣正暦五年給二合、寛仁四年正月以民保延任肥後大掾、而任符未出、

故左大臣家

正六位上秦宿禰千勝

望肥後掾、

右去正暦五年給二合、寛仁四年正月除目、以民保延請任彼国掾、而依身病不賜任符、以千勝可被改任之状、

所請如件、

治安三年二月十日従二位行権中納言兼宮内卿皇〔太〕大后宮大夫源朝臣（道方）作名

『永観二』

信濃介正六位上平朝臣保忠 停故外帥（源高明）天元二年臨時給丸部友忠改任、

『長徳二』

但馬大目正六位上丸部首直高 故左大将（藤原）済時卿去年給所任、

『寛弘四』

近江少掾正六位上橘朝臣長時 停故大納言済時卿永延二年給二合川瀬忠明改任、

『長保元秋』

近江少目正六位上秦忌寸利秀 停故時望卿（平）承平六年給物部正〔吉正カ〕任改任、

可勘合不、件卿承平六年給、今年正月以物部吉正任近江権少目、而任符未出、

故中納言時望卿後家

正六位上秦忌寸利秀

望近江権少目、

右去承平六年給、今年正月以物部吉正申任件国権少目、而依身病不給任符、仍以利秀可被改任之状、所請如件、
長保元年九月廿一日中納言従三位平朝臣惟仲」

『康平八』摂津少目正六位上吉江宿禰秋時　停故権大納言（藤原）信家卿天喜四年給但馬少目紀枝重改任、
『同六』近江権少掾正六位上伊勢宿禰守国　停故権（大）中納言信家卿天喜四年給磯部友武改任、
『長徳四』備前少目正六位上巨勢朝臣利明　停故参議（藤原）安親卿正暦二年給石城久永改任、
『長保二秋』紀伊権大目正六位上紀朝臣為信　停故修理権大夫藤原朝臣（安親）正暦三年給秦滋富改任、
『永承元秋』諸陵助正六位上藤原朝臣時経　故右近中将（藤原）兼経朝臣二合、」

前字例　故字流例也、一端在端、
長徳元秋　前関白、『道隆』（藤原）　寛弘四春　前大納言（源）時中、
永承元春　前民部卿源朝臣道方、
康平七春　前太政大臣、（藤原）『公季』『公卿給加仁義公字、』　同六春　前右大臣、（藤原）『実資』
故前例
天暦八春　故前左大臣、（藤原）『仲平』　治暦三春　故前右大臣、（藤原）『頼宗』
朝臣例　卿流例也、仍不注之、但四位宰相必朝臣也、

寛徳元秋　故中納言藤原通任朝臣、
永承元春　前民部卿源道方朝臣、
同五秋　故民部卿道方朝臣、
同六秋　同、
天喜二春　同、但加姓、
同三春　同、
同四春　〔同ヒアリ〕
康平七春　故権中納言（源）顕基朝臣、

官号雖有卿字猶加卿字例

治暦元春　故民部卿（藤原）長家卿、三所同之、

卿・朝臣共不注例

長保元秋　故中納言（藤原）朝成、　寛弘四春　前大納言（源）時中、
康平元秋　故権中納言顕基、故中納言通任、　同三春　故民部卿道方、故権中納言顕基、

不書官例　官名共書流例也、見端、

長徳四春　故（源）延光卿、　長保元春　故延光卿、故（藤原）朝光卿、
同秋　故（平）時望卿、故（藤原）道頼卿、　同二春　故（藤原）安親卿、故朝光卿、

康平八春　故長家卿、

不書名例　非常事、若宮「古歟」写失歟、

長徳二春　故大納言大慶「天慶歟」六年給、

加姓例

寛徳元秋　通任、見上、　永承元春　道方、見上、

天喜二春　同、

内給御処分

『天元二』　播磨少掾正六位上伊豆直俊郷　保子内親王給天徳四年御処分内給小野雅忠不給任符秩満替、

『永観元』　丹波権掾正六位上豊原宿禰雅方　停前兵部卿親王(致平親王カ)天暦九年御処分所任中臣保親改任、

『寛和元』　丹波権掾正六位上源朝臣鎮　停前兵部卿親王(致平親王カ)給先皇(村上天皇)御処分天暦九年内給二合所任秦兼利改任、

『長元七』　紀伊少目正六位上多米朝臣良明　一品選子内親王天暦八年内給大和少目丹墀近明不給任符秩満代、

『長元八』　美濃少目正六位上凡河内宿禰安吉　停一品選子内親王給天暦四年内給讃岐大目紀有武所任、

(奥書)
「書写了、

嘉禄三年八月三日　(九条教実)(花押)」

（表紙外題、九条道房筆）

「大間成文抄第三上　春外国三上」

（旧表紙袖書、九条政基筆）

「四所籍 内校 大進　四道挙 紀伝 明法 明経 算

未給 四道之　三院奏 勧学 学館 奨学

三局史生 付官掌　上召使」

大間成文抄第三　春　外国三

四所籍　第一者之外依姓任二三分、

内豎

『長徳二』伊勢掾任秩満名替、其外無闕、

大宰権大監正六位上大中臣朝臣範政　内豎頭、

常陸権大掾正六位上藤原朝臣有延　内豎散位労、

摂津権大目従八位上清原真人利明　奏時、

下総権大掾従八位上大蔵朝臣為基　内豎大籍、

美濃権大目正六位上文室真人滋兼　内豎天暦籍、
摂津権大目正六位上友〔文カ〕主弘頼　内豎安和籍、
出羽権掾正六位上藤原朝臣時頼　太皇大〔太〕后宮内豎籍、

『康平六』
伊勢掾正六位上伴朝臣武文　内豎頭、
大和権少掾正六位上清原真人則武　内豎散位、
和泉目正六位上美努宿禰信重　喚内豎、
河内大目正六位上阿比古宿禰吉則　奏時、
伊賀権掾正六位上大中臣朝臣行本　内豎承平籍、

『嘉保元』
伊勢少掾正六位上伴朝臣為方　内豎頭、
摂津大掾正六位上藤井宿禰信方　内豎散位労、
駿河少目正六位上伴朝臣成季　喚内豎、
伊勢少目正六位上伴朝臣為国　奏時、
大和少掾正六位上越智宿禰経則　内豎天暦籍、

『□〔長ヒ〕治二』
伊勢権掾正六位上丹波宿禰松久　内豎頭、

遠江少掾正六位上安倍朝臣友清　内竪散位労、
伊賀少目正六位上越智宿禰宗光　喚内竪、
和泉目正六位上伴朝臣国平　奏時、
摂津少掾正六位上伴朝臣有久　内竪天暦籍、

『永久四』
『不加成文、』

伊勢少掾正六位上上（ヒナシ）御野宿禰国次　内竪頭、

内竪所
　頭籍労帳事
＼正六位上御野宿禰国次　望申備中国大掾、
　年労廿二年
　上日二千百日
右年労・上日、注進如件、
　永久四年正月　日六位別当治部少丞源盛定

遠江少掾正六位上伴朝臣助通　内竪散位労、

内竪所
＼（鉤点マヽ）散位籍労帳事

正六位上伴朝臣助通　　望申石見国大掾、
年労卅五年
上日五千日
右年労・上日、注進如件、
永久四年正月　日六位別当治部〔少ヒアリ〕丞源盛定

伊賀大目正六位上和気朝臣松次　喚内豎、
内豎所
喚籍労帳事
正六位上和気朝臣松次　　望申石見国大掾、
年労廿三年
上日千百廿日
右年労・上日、注進如件、
永久四年正月　日六位別当治部少丞源盛定

和泉少目正六位上藤井宿禰武松　奏時、
内豎所

奏時籍労帳事
＼正六位上藤井宿禰武松　望申播磨国大掾、
年労廿五年
上日卅五日
右年労・上日、注進如件、
永久四年正月　日六位別当治部少丞源盛定
摂津権掾正六位上藤井宿禰国正　内豎天暦籍、
内豎所
天暦籍労帳事
＼正六位上藤井宿禰国正　望申紀伊国大掾、
年労卅六年
上日卅三日
右年労・上日、注進如件、
永久四年正月　日六位別当治部丞源盛定
『久寿二』
伊勢少掾正六位上秦宿禰則永　内豎頭、

『今度労帳皆加成文、』
内豎所

頭籍労帳事

＼正六位上秦宿禰則永　　望申河内国大掾、伊勢少、

年労二十箇年

上日三千二百箇日

右依例年労・上日、注進如件、

久寿三〔二ヵ〕年正月廿三日頭正六位上主税允菅野朝臣倫時」

石見目正六位上藤井宿禰影里　内豎散位、」

内豎所

散位籍労帳事

＼正六位上藤井宿禰影里　　望申越後国大掾、石見目、

年労二十三箇年

上日三千五百箇日

右依例年労・上日、注進如件、

久寿二年正月廿三日頭正六位上行主税允菅野朝臣倫時」

土左大目正六位上勝宿禰友清　喚内竪、

内竪所

喚籍労帳事

正六位上勝宿禰友清　望申播磨国大掾、土左大目、

年労二十箇年

上日三千二百箇日

右依例年労・上日、注進如件、

久寿二年正月廿三日頭正六位上行主税允菅野朝臣倫時

備後大掾正六位上文室朝臣助国　奏時、

内竪所

奏時籍労帳事

正六位上文屋朝臣助国　望申備後国大掾、

年労二十箇年

上日二千三百箇日

右依例年労・上日、注進如件、

久寿二年正月廿三日頭正六位上行主税允菅野朝臣倫時

壱岐目正六位上小坂宿禰重安　内竪陽成院籍、

内竪所

陽成院籍労帳事

＼正六位上小坂部宿禰重安　望申壱岐目、備前国大掾、

年労二十三箇年

上日三千一百箇日

右依例年労・上日、注進如件、

久寿二年正月廿三日頭正六位上行主税允菅野朝臣倫時

日向目正六位上藤井宿禰友国　内竪朱雀院籍、

内竪所

朱雀院籍労帳事

＼正六位上藤井宿禰友国　望申日向目、加賀国大掾、

年労十三箇年

上日一千□〔三七〕百箇日

右依例年労・上日、注進如件、

久寿二年正月廿三日頭正六位上行主税允菅野朝臣倫時

豊後少目正六位上守部宿禰重枝　内豎安和籍、

内豎所

安和籍労帳事

\正六位上守部宿禰重枝　豊後少目、望申周防国大掾、

年二〔労脱カ〕十箇年

上日千五百箇日

右依例年労・上日、注進如件、

久寿二年正月廿三日頭正六位上行主税允菅野朝臣倫時

『安元二』

『今度不加成文、』

伊勢少掾正六位上藤井宿禰清貞　内豎頭、

内豎所

頭籍労帳事

\正六位上藤井宿禰清貞　望申伊勢国少掾、

年労廿六箇年

上日六百十箇日

右依例年労・上日、注進之状如件、

安元二年正月廿六日　預正六位上伴朝臣為安

頭正六位上藤原朝臣盛安

武蔵掾正六位上中原朝臣時正　内豎散位労、

内豎所

散位籍労帳事

＼正六位上中原朝臣時正　望申参河国掾、

年労卅箇年

上日三百九十箇日

右依例年労・上日、注進之状如件、

安元二年正月廿六日　預正六位上伴朝臣為安

頭正六位上藤原朝臣盛安

「美作少掾正六位上橘朝臣友正　喚内豎、」

内豎所

喚籍労帳事

＼正六位上橘朝臣友正　望申伊与国大掾、

年労十六箇年
上日千八十箇日
右依例年労・上日、注進之状如件、
安元二年正月廿六日　預正六位上伴朝臣為安
頭正六位上藤原朝臣盛安
和泉目正六位上八島宿禰末国　奏時、
内豎所
奏時籍労帳事
正六位上八島宿禰末国　望申加賀国掾、
年労卅二箇年
上日二百三箇日
右依例年労・上日、注進之状如件、
安元二年正月廿六日　預正六位上伴朝臣為安
頭正六位上藤原朝臣盛安
伊賀目正六位上藤井宿禰助遠　内豎天暦籍、
内豎所

天暦籍労帳事

正六位上藤井宿禰助遠　望申下野国大掾、

年労卅三箇年

上日四百箇日

右依例年労・上日、注進之状如件、

安元二年正月廿六日　預正六位上伴朝臣為安

頭正六位上藤原朝臣盛安

二人例

永承元　『加賀』内竪頭、　『信濃』内竪天暦籍、

三人例

長徳四　『伊勢』内竪頭、　『山城』内竪大籍、　『武蔵』内竪労、

長保元　『伊勢』内竪頭、　『参河』内竪、（脱アルカ）　『伊与』内竪前春宮坊籍、

寛弘四　『下総』内竪散位、　『伯耆』大籍召内竪、　『但馬』内竪天暦籍、

長久五　『伊勢』内竪頭、　『因幡』奏時、　『備中』内竪天暦籍、

永承二　『伊勢』内竪頭、　『佐渡』奏時、　『山城』内竪天暦籍、

同五　『土左』内竪頭、　『紀伊』奏時、　『因幡』内竪大籍、

天喜二　『伊勢』内豎頭、　『伯耆』内豎散位、　『和泉』奏時、
同四　『参河』内豎散位、　『伊勢』内豎喚、　『摂津』奏時、
同五　『伊勢』内豎頭、　『周防』内豎喚、　『安藝』奏時、
康平元　『駿河』内豎喚、　『伯耆』奏時、　『美作』内豎安和籍、
同二　『安藝』内豎所散位、　『但馬』(所ヒナシ)内豎所喚、　『伊勢』奏時、
同三　『伊勢』内豎頭、　『美作』奏時、　『出雲』朱雀院籍、
同七　『伊勢』内豎頭、　『和泉』奏時、　『摂津』朱雀院内豎籍、

五人例

長徳三　『伊勢』内豎頭、　『摂津』内豎大籍、　『尾張』内豎大籍、
　『播磨』前朱雀院籍内豎、　『因幡』承平籍内豎、
康平八　『伊勢』内豎頭、　『丹波』喚内豎、　『尾張』奏時、
　『出雲』陽成院内豎、　『因幡』内豎前朱雀院、
治暦三　『伊勢』内豎頭、　『伊賀』内豎散位、　『遠江』喚内豎、
　『河内』奏時、　『和泉』内豎天暦籍、
同四　『伊勢』内豎頭、　『因幡』内豎散位、　『常陸』喚内豎、
　『周防』奏時、　『備中』天暦内豎籍、
延久元　『伊勢』内豎頭、　『参河』内豎散位、　『摂津』喚内豎、

『伯耆』奏時、　『和泉』内豎天暦籍、

同二　『摂津』内豎頭、　『和泉』内豎散位、　『美作』喚内豎、

『伊賀』奏時、　『参川』内豎安和籍、

同三　『伊勢』内豎頭、　『備後』内豎散位、　『美作』喚内豎、

『摂津』奏時、　『伊賀』内豎天暦籍、

同五　『伊勢』内豎頭、　『因幡』内豎散位、　『美作』喚内豎、

『加賀』奏時、　『能登』内豎陽成院籍、

承保二　『伊勢』内豎頭、　『遠江』喚内豎、　『伊賀』奏時、

『越前』陽成院内豎籍、　『和泉』〔太〕太皇大后宮内豎籍、

元永二　『伊勢』内豎頭、　『参河』内豎散位労、　『讃岐』(内豎ヒナシ)奏時内豎、

『紀伊』喚内豎、　『備前』内豎安和籍、

保安元　『伊勢』内豎頭、　『石見』内豎散位、　『讃岐』内豎陽成院籍、

『長門』内豎承平籍、　『甲斐』内豎天暦籍、

同二　『伊勢』内豎頭、　『石見』内豎散位、　『美濃』内豎奏時、

『周防』喚内豎、　『伯耆』内豎安和籍、

保延三　『伊勢』内豎頭、　『周防』内豎散位、　『遠江』喚内豎、

『備中』奏時、　『播磨』内豎天暦籍、

仁平元　『伊勢』内竪頭、　『美作』内竪散位、　『参河』喚内竪、
『土左』奏時、　『備前』内竪天暦籍、　『備中』奏時、
治承二　『伊勢』内竪頭、　『甲斐』内竪散位労、
『近江』内竪天暦籍、　『安藝』内竪陽成院籍、
同三　『摂津』内竪頭、　『安房』内竪散位労、　『参河』喚内竪、
『河内』奏時、　『信濃』内竪朱雀院籍、
同四　『伊勢』内竪頭、　『出羽』内竪散位労、　『遠江』喚内竪、
『伊賀』奏時、　『武蔵』内竪天暦籍、

七人例

長保二　『佐渡』内竪散位労、　『備前』内竪大籍、　『石見』内竪大籍、
『因幡』内竪先朱雀院籍、　『越中』内竪天暦籍、　『安藝』内竪安和籍、
『備中』内竪前中宮籍、
久寿元　『伊勢』内竪頭、　『豊前』内竪散位、　『加賀』喚内竪、
『伊豆』奏時、　『越中』内竪天暦籍、　『長門』内竪中宮職籍、
『能登』内竪前春宮坊籍、

頭不任伊勢例

長和四　内膳典膳、

永承元　加賀掾、伊勢無闕、

同五　土左掾、伊勢有闕三、

延久二　摂津少掾、伊勢無闕、

治承三　摂津大掾、同、

校書殿

『長徳二』

安藝権掾正六位上大中臣朝臣良廉　校書殿頭、

備後権少目正六位上清原宿禰遠賢　校書殿執事、

能登権掾正六位上菅原朝臣正真　校書殿本所(衍カ)籍、

『康平六』

因幡権掾正六位上勝部宿禰奉貞　校書殿頭、

但馬大目正六位上六人部宿禰得近　校書殿執事、

河内少掾正六位上坂上宿禰宮延　校書殿散位、

『嘉保元』

河内権掾正六位上紀朝臣武常　校書殿頭、

下野大掾正六位上物部宿禰光延　校書殿執事、

『長治二』

武蔵少掾正六位上藤井宿禰光国　校書殿頭、

若狭掾正六位上佐伯宿禰則宗　校書殿執事、

上総大掾正六位上刑部宿禰助平　校書殿頭、

『永久四』
『不加成文、』

校書殿

頭籍労帳事

\
正六位上刑部宿禰助平　望申石見国大掾、

年労廿七年

上日千百廿日

右年労・上日、注進如件、

永久四年正月　日預伴為重

能登少掾正六位上秦宿禰吉光　校書殿執事、

校書殿

\(鈎点マヽ)
衆事籍労帳事

正六位上秦宿禰吉光　望申讃岐国大掾、

年労廿四年

上日千三百日

右年労・上日、注進如件、

永久四年正月　日預伴為重

讃岐大掾正六位上民部宿禰正光　校書殿頭、

『久寿二』

『今度皆加成文、』

校書殿

頭籍労帳事

正六位上民部宿禰正光　望申讃岐国大掾、

年労二十三箇年

上日三千五十箇日

右依例年労・上日、注進如件、

久寿二年正月廿三日預正六位上伴朝臣為安

加賀少掾正六位上大中臣朝臣包次　校書殿執事、

校書殿

衆事籍労帳事

正六位上大中臣朝臣包次　望申加賀国大掾、少、

年労二十一箇年

上日二千二百箇日

右依例年労・上日、注進如件、

久寿二年正月廿三日預正六位上伴朝臣為安」

対馬目正六位上藤井宿禰為近　校書殿散位、」

校書殿

散位籍労帳事

＼正六位上藤井宿禰為近　望申播磨国大掾、（対馬目、）

年労十九箇年

上日千八百箇日

右依例年労・上日、注進如件、

久寿二年正月廿三日預正六位上伴朝臣為安」

『安元二』

上総掾正六位上播磨宿禰国末　校書殿頭、」

『今度不加成文、』

校書殿

頭籍労帳事

＼正六位上播磨宿禰国末　望申伊与国大掾、

年労十六箇年

上日千八十箇日

右依例年労・上日、注進如件、

安元二年正月廿六日預正六位上伴朝臣為安

能登少掾正六位上鳥居宿禰助恒　校書殿執事、

校書殿

執事籍労帳事

正六位上鳥居宿禰助恒　望申備中国大掾、

年労十五箇年

上日九百十二箇日

右依例年労・上日、注進如件、

安元二年正月廿六日預正六位上伴朝臣為安

一人例

永承二　『参河』校書殿執事、

同五　『若狭』校書殿頭、

康平元　『因幡』同、

康平三　『能登』同、

二人例

長徳四　『駿河』校書殿執事、　『参河』校書殿散位労、

長保元　『参河』校書殿承平籍、　『伊豆』校書殿安和籍、
同二　『出羽』校書殿執事、　『能登』校書殿本籍、
寛弘四　『隠岐』校書殿頭、　『上総』校書殿本籍、
長久五　『参河』校書殿頭、　『出雲』校書殿執事、
永承元　『但馬』校書殿頭、　『近江』校書殿本籍、
天喜二　『淡路』校書殿頭　『出雲』校書殿執事、
同四　『駿河』同、　『和泉』同、
同五　『伯耆』校書殿頭、　『上総』校書殿衆、
康平二　『常陸』校書殿頭、　『下野』校書殿執事、
同七　『加賀』同、　『備前』同、
治暦四　『因幡』校書殿頭、　『伊賀』校書殿籍、
延久元　『因幡』校書殿頭、　『安藝』校書殿執事、
同三　『因幡』校書殿頭、　『安房』校書殿執事、
元永二　『河内』校書殿頭、　『甲斐』校書殿執事、
保安元　『河内』校書殿執事、　『大和』校書殿散位籍、
同二　『河内』校書殿頭、　『和泉』校書殿散位、
保延三　『因幡』校書殿頭、　『駿河』校書殿執事、

久寿元　『播磨』校書殿執事、　『伯耆』校書殿散位、
治承二　『上総』校書殿頭、　『河内』校書殿散位労、
三人例
長徳三　『河内』校書殿頭、　『伊豆』校書殿本籍、
『河内』校書殿前々春宮坊籍、
康平八　『周防』校書殿頭、　『淡路』校書殿執事、
『紀伊』校書殿散位、
治暦三　『越後』校書殿頭、　『阿波』校書殿執事、
『出雲』〔殿ヒ〕校書頭籍、本、
延久二　『河内』校書殿頭、　『伊豆』校書殿散位、
『摂津』校書殿籍、
同五　『河内』校書殿頭、　『摂津』校書殿執事、
『伯耆』校書殿散位、
承保二　『河内』校書殿頭、　『相模』校書殿散位、
『相模』校書殿衆労、
仁平元　『但馬』〔頭脱カ〕校書殿、　『因幡』校書殿執事、
『紀伊』校書殿、
治承三　『河内』校書殿頭、　『山城』校書殿執事、
『出雲』校書殿散位労、

同四　『和泉』校書殿頭、　『下総』校書殿執事、
『肥後』校書殿散位労、

校書殿頭任河内掾例

天暦八　長徳三　延久二　同五

承保二　元永二　保安元（抹消符）　同二

治承二　同三

大舎人

『長徳二』
和泉権目正六位上宗岡朝臣滋忠　大舎人番長、

安房権掾正六位上藤原朝臣元成　大舎人散位、

近江少目正六位上田辺宿禰吉常　大舎人本籍、

『康平六』
伯耆権掾正六位上行懸宿禰近松　大舎人番長、

能登目正六位上錦宿禰友重　大舎人散位、

山城少掾正六位上橘朝臣常清　大舎人本籍、

『嘉保元』
伯耆掾正六位上笠宿禰義時　大舎人番長、

紀伊少掾正六位上菅野宿禰吉行　大舎人散位労、

長門大目正六位上紀朝臣重友　大舎人本所籍、

『長治二』
出羽掾正六位上清原真人光貞　大舎人番長、
安藝少目正六位上紀朝臣重友　大舎人散位労、
長門少目正六位上内蔵宿禰倉武　大舎人本籍、

『永久四』
出羽少掾正六位上紀朝臣成通「近歟」　大舎人番長、
安藝大目正六位上藤井宿禰重道　大舎人散位労、
長門大目正六位上秦宿禰守末　大舎人本籍、

『不加成文、』
大舎人寮
番長籍
正六位上紀朝臣成近　望加賀国大掾、
身労卅八年　上日千八百
正六位上出雲宿禰正重　望阿波掾、
身労卅六年、　上日千卅
散位籍
正六位上藤井宿禰重通　望信濃掾、
身労卅一年　上日千十

本籍
\正六位上秦宿禰守末　望相模掾、
身労卅二年　上日千卅
天暦籍
正六位上藤井重清　望讃岐掾、
身労卅年　上日千
安和籍
正六位上久米成末　望能登掾、
身労廿八年　上日九百
右年労・上日如件、
永久四年正月　日
正六位上行権助藤原朝臣
正五位上行頭藤原朝臣邦宗

『久寿二』
肥前少掾正六位上葛木宿禰重行　大舎人番長、
大隅掾正六位上大中臣朝臣清友　大舎人散位、
出雲少目正六位上坂上宿禰国貞　大舎人本籍、

山城大掾正六位上紀朝臣武友　大舎人天暦籍、

薩摩掾正六位上橘朝臣友里　大舎人安和籍、

『今度加成文、』

大舎人寮

番長籍

＼正六位上葛木宿禰重行　望諸国掾、肥前少、

身労卅八年　上日千八百

正六位上大中臣朝臣友清　望諸国掾、

身労卅二年　上日千二百

散位籍

＼正六位上大中臣朝臣清友　望諸国掾、大隅、〔上日千卅ヒアリ〕

身労廿八年

本籍

＼正六位上坂上宿禰国貞　望諸国掾、出雲少目、

身労卅七年　上日千卅

天暦籍

＼正六位上紀朝臣武久　望諸国掾、山城大、〔上日千卅ヒアリ〕

身労卅年

安和籍
＼正六位上橘朝臣友里　望諸国掾、薩摩、
身労卅六年　上日千卅
右年労・上日如件、
久寿二年正月廿一日
従四位上行頭高階朝臣家行

「安元二」
上野掾正六位上大県宿禰安永　大舎人番長、
安藝大目正六位上藤井宿禰行兼　大舎人散位労、
長門少掾正六位上橘朝臣延次　大舎人本籍、

「今度不加成文、」
大舎人寮
番長籍
＼正六位上大県宿禰安永　望諸国掾、
身労五十一年　上日七千三百
散位籍
＼正六位上藤井宿禰行兼　望諸国掾、
身労五十年　上日七千

本籍
正六位上橘朝臣延次　望諸国掾、
身労四十一年　上日五千
天暦籍
正六位上大原真人貞永　望諸国目、
身労三十七年　上日五千
安和籍
正六位上橘朝臣延康　望諸国目、
身労二十六年　上日二千三百
右年労・上日如件、
安元二年正月十八日
従五位下行頭兼備後介源朝臣季親

一人例
長保元　『甲斐』大舎人前春宮籍、　『但秋任之、』大舎人太籍、〔本ヒ〕
永承五　『美乃』大舎人番長、
康平元　『相模』大舎人番長、

同三　『信乃』同、

二人例

長徳四　『伊勢』大舎人番長、　『尾張』大舎人散位労、

長保二　『隠岐』大舎人番長、　『美作』大舎人、

寛弘七　『越前』大舎人本籍労、　『越後』前春宮大舎人籍、

寛徳元　『下野』大舎人番長、　『信乃』大舎人本籍、

永承元　『美乃』大舎人番長、　『越前』大舎人散位、

同二　『相模』大舎人散位、　『丹後』大舎人本籍、

天喜二　『越後』大舎人番長、　『越中』大舎人本籍、

同四　『石見』大舎人番長、　『阿波』大舎人春宮籍、

同五　『信乃』大舎人番長、　『常陸』大舎人前坊籍、

康平二　『上総』大舎人番長、　『相模』大舎人散位、

同七　『和泉』大舎人番長、　『大和』大舎人籍、

同八　『紀伊』大舎人番長、　『山城』大舎人前春宮坊籍、

延久元　『下総』同、　『山城』同、

同三　『和泉』大舎人番長、　『遠江』大舎人前朱雀院籍、

承保二　『越中』大舎人番長、　『石見』大舎人散位、

治承二 『常陸』大舎人番長、 『丹波』大舎人天暦籍、

三人例

寛弘四 『飛驒』大舎人番長、 『上総』大舎人大籍、 『安房』大舎人散位、

治暦三 『紀伊』大舎人番長、 『因幡』大舎人前春宮坊籍、 『淡路』大舎人散位、

同四 『和泉』同、 『尾張』同、 『大和』同、

延久二 『大和』大舎人番長、 『伊勢』大舎人前朱雀院籍、 『山城』大舎人散位、

同五 『阿波』大舎人番長、 『伊賀』大舎人天暦籍、 『大和』大舎人散位、

元永二 『甲斐』大舎人番長、 『駿河』大舎人本籍、 『信乃』大舎人散位、

保安元 『備前』大舎人番長、 『摂津』大舎人安和籍、 『近江』大舎人天暦籍、

同二 『和泉』大舎人番長、 『丹後』大舎人本籍、 『伊賀』大舎人散位、

保延三　『美作』同、　『備前』同、
　　　　『尾張』同、
仁平元　『能登』同、　『美乃』同、
　　　　『若狭』同、
治承三　『伊賀』大舎人番長、　『下総』大舎人散位労、
　　　　『石見』大舎人安和籍、
同四　『上総』大舎人番長、　『下野』大舎人散位労、
　　　『能登』大舎人本籍、

四人例
長徳三　『甲斐』大舎人番長籍、　『尾張』大舎人本籍、
　　　　『駿河』大舎人本籍、　『河内』大舎人前坊籍、

五人例
久寿元　『摂津』大舎人番長、　『紀伊』大舎人散位、
　　　　『佐渡』大舎人本籍、　『飛騨』大舎人天暦籍、
　　　　『伊豆』大舎人安和籍、

進物所
『長徳二』
山城大掾正六位上惟宗朝臣正時　進物所執事、
肥後権大掾正六位上藤原朝臣光延　進物所陽成院籍、

『康平六』因幡大掾正六位上紀朝臣奉貞　進物所執事、
石見掾正六位上清原真人時武　進物所膳部、
『嘉保元』淡路少掾正六位上内蔵朝臣国友　進物所執事、
紀伊大目正六位上紀朝臣有貞　進物所膳部、
『長治二』淡路少掾正六位上桜井宿禰包元　進物所執事、
越後少目正六位上大宅貞人正吉　進物所膳部、
『永久四』淡路少掾正六位上高橋朝臣永末　進物所執事、
越後大目正六位上物部宿禰恒方　進物所膳部、
『不加成文、』進物所
＼執事正六位上高橋朝臣永末　望諸国掾、
上日千五百日
＼膳部正六位上物部宿禰恒方　望諸国目、
上日千三百日
右上日、依例勘申如件、

永久四年正月十三日執事藤井

頭従五位上行奉膳高橋朝臣季経

別当

『久寿二』

遠江大掾従七位上紀朝臣行吉　進物所執事、

播磨少掾従七位上大中臣朝臣武定　進物所膳部、

『今度加成文、』

進物所

執事従七位上紀朝臣行吉　望遠江大、掾、

上日仟伍佰日

膳部従七位上大中臣朝臣武定　望播磨少、掾、

上日仟肆佰日

右上日、依例勘申如件、

久寿二年正月十五日

執事従七位上行内膳令史中原朝臣助行

内膳奉膳従五位下高橋朝臣遠孝

『安元二』

淡路掾従七位上中原朝臣吉貞　進物所執事、

越後大目従七位上秦宿禰牛永　進物所膳部、

『今度不加成文、』

進物所

執事従七位上長中原朝臣吉貞(マヽ)　望諸国掾、

上日仟伍佰日

膳部従七位上秦宿禰牛永　望諸国目、

上日仟参佰日

『膳部〔雖ヒ〕有所々籍、不注其籍、只注膳部、故実云々、』

右依例、所勘申如件、

安元二年正月十六日

執事内膳令史従七位上安倍朝臣頼員(直ヒ)

預従五位上行内膳奉膳高橋朝臣信弘

一人例

永承五　『信乃』進物所膳部、

康平三　『加賀』進物所執事、

二人例

長保元　『河内』進物所執事、『伊賀』進物所膳部、

同二　『和泉』進物所執事、『河内』進物所労、

寛弘四　『伊勢』進物所膳部、　『参河』進物所膳部、
長久五　『長門』進物所執事、　『安藝』進物所膳部、
永承元　『参河』進物所執事、　『甲斐』進物所執事、〔膳部ヒ〕
同二　『因幡』進物所執事、　『越中』進物所膳部、
天喜二　『安藝』進物所膳部、　『紀伊』進物所惣籍、
同四　『武蔵』進物所膳部、　『下総』進物所膳部、
同五　『下野』進物所執事、　『上野』進物所膳部、
康平元　『参河』同、　『伊勢』同、
同二　『伯耆』進物所執事、　『美作』進物所散位、
同七　『参河』進物所執事、　『伊賀』進物所膳部、
同八　『紀伊』同、　『摂津』同、
治暦三　『大和』同、　『摂津』同、
同四　『若狭』同、　『河内』同、
延久元　『出雲』同、　『紀伊』同、
同二　『若狭』同、　『越前』同、
同三　『美乃』同、　『紀伊』同、
同五　『遠江』同、　『参河』同、

元永二　『美作』同、　『播磨』同、
保安元　『丹波』同、　『丹後』同、
同二　『丹後』同、　『因幡』同、
保延三　『讃岐』同、　『土左』同、
仁平元　『備前』同、　『備中』同、
久寿元　『駿河』同、　『信濃』同、
治承二　『大和』同、　『美濃』同、
治承三　『大和』同、　『丹後』同、
治承四　『大和』同、　『備中』同、

三人例

長徳三　『丹後』進物所執事、　『丹波』進物所本籍、
『但馬』進物所円融院籍、
長徳四　『河内』進物所執事、　『摂津』進物所労、
『摂津』進物所労、
寛弘七　『肥後』進物所執事、　『因幡』進物所膳部、
『豊前』進物所膳部円融院労、
承保二　『大和』進物所執事、　『参河』進物所膳部、
『摂津』進物所惣籍、

（表紙外題、九条道房筆）
「大間成文抄第三下　春外国三下」

（表紙袖書）
「四道挙　三院挙
三局史生　上召使」

四道挙　紀伝　明経　明法
算

『長徳二』
美濃権少掾正六位上中原朝臣盛光　明法挙、」

『同』
因幡権掾正六位上当麻真人秀忠　算道挙、」

算道
請被以学生正六位上当麻真人季忠［秀ナ］、拝任年官諸国掾闕状
右秀忠入学之後、苦位年久、研精之勤空積、強仕之齢欲過、謹検案内、年官之巡今年当道、望請　天裁、以件秀忠被任司馬之職、令知聚螢之功、謹請　処分、
長徳二年正月十七日
正六位上行主税権少允兼博士日下部宿禰保頼
従五位下行主税権助兼博士三善朝臣作名」

『康平六』　但馬掾正六位上坂上大宿禰諸国　北堂挙、

丹波大掾正六位上清原真人為房　明経挙、

周防権掾正六位上中原朝臣国基　明法挙、

『嘉保元』寛治七北堂明経算　(源)俊房

讃岐掾正六位上曾我部宿禰助持　北堂挙、

淡路大掾正六位上紀朝臣奉親　明経年挙、

『長治二』　下総少掾正六位上藤井宿禰為光　明経年挙、

長治元同、皆不任、

和泉権掾正六位上高志宿禰季友　明法道挙、

河内大掾正六位上紀朝臣季良　算道挙、

『永久四』　備後少掾正六位上中原朝臣国里　北堂年挙、

永久三同、皆不任、『今度不立籤、仍加成文、』

北堂

学生正六位上中原朝臣国重

望諸国掾、備後少、

右件人稽古雖久、成業無期、仍為慰空帰、挙達如件、

永久四年正月十三日

正五位下行文章博士兼大内記越中介藤原朝臣永実

従四位下行大学頭兼文章博士藤原朝臣敦光」

備中少掾正六位上百済朝臣宗元　明経道年挙、」

『同』

明経道

＼学生正六位上百済朝臣宗光

望備中大掾、

右件人年齢漸傾、成業無期、仍為慰空帰、挙達如件、

永久四年正月廿四日

従五位下行直講中原朝臣師安

従五位上行直講兼紀伊権介中原朝臣広忠

従五位上行主税助兼助教丹波介清原真人信俊

修理左宮城判官正五位下行主税〔計〕頭兼大外記助教但馬権介中原朝臣師遠

従四位下行博士中原朝臣広宗」

駿河少掾正六位上佐伯朝臣久元　明法年挙、」

『同』

明法道

＼正六位上佐伯朝臣久元

望諸国掾、駿河少、

右件人年齢既傾、成業難期、為優空帰、挙達如件、仍勒右状、謹請　処分、

永久四年正月十三日

正六位上行博士兼左衛門少志中原朝臣明兼

従五位上守大蔵大輔兼大判事行博士長門介三善朝臣信貞」

伊勢権少掾正六位上巨勢宿禰守行　算道年挙、

『同』

算道」

学生正六位上巨勢宿禰守行

望備中国大掾、伊勢権少、

右件守行入学雖久、給官無期、仍為慰空帰、挙達如件、

永久四年正月廿三日

従五位下行博士三善朝臣為康

修理右宮城判官正五位下行左大史兼博士小槻宿禰盛仲」

『久寿二』

讃岐掾正六位上中原朝臣季次　紀伝年挙、」

『今度不立籤、仍加成文、北堂但雖立籤、可依四所、』」

\学生正六位上中原朝臣季次
望諸国掾、讃岐、
右件人稽古雖久、成業難期、仍為慰空帰、薦挙如件、
久寿二年正月〔十七〕廿九日
従四位下行文章博士兼越後権介藤原朝臣長光
従四位上行文章博士藤原朝臣茂明」

『同』

近江少掾正六位上藤井宿禰安友　〔経〕明法年挙、」

明経道
\学生正六位上藤井宿禰安友
望\少、近江・丹波・備中等国大掾、
右件人年齢漸傾、成業難期、仍為慰空帰、挙達如件、
久寿二年正月廿三日
従五位下行直講兼周防介清原真人頼業
従五位上行直講中原朝臣
従五位上行助教中原朝臣
正五位下行大炊頭兼大外記主税権助助教周防権介中原朝臣師業

正五位下行博士清原真人定安

『安元二』備中大掾正六位上清原真人成廉　北堂年挙、

『立籤、仍不加成文、』

北堂

学生正六位上清原真人成廉

望諸国掾、

右件人編柳雖久、折桂無期、仍為慰空帰、挙達如件、

安元二年正月廿三日

従四位下行文章博士兼美作権介藤原朝臣光範

従四位上行弾正大弼兼文章博士備前権介藤原朝臣敦周

『同』武蔵大掾正六位上紀朝臣真安　明経道年挙、

明経道

学生正六位上紀朝臣真安

望武蔵大掾、

右件人入学年久、成業無期、仍為慰空帰、挙達如件、

安元二年正月廿六日

正五位下行直講中原朝臣師家
正五位下行直講清原真人信弘
正五位下行助教中原朝臣師直
正五位下行助教中原朝臣広季
正五位下行大外記兼博士清原真人頼業」

駿河大掾正六位上中原朝臣国延　明法年挙、

『同』」

明法道

＼正六位上中原朝臣国延

望諸国掾、

右人年齢既傾、成業難期、為優空帰、挙達如件、仍勒右状、謹請　処分、

安元二年正月廿日

修理右宮城主典正六位上行博士兼左衛門大志中原朝臣基広」

修理左宮城判官正六位行〔上ヒアリ〕博士兼左衛門少尉中原朝臣章貞

伊勢少掾正六位上我孫宿禰重吉　算道年挙、」

(裏書)「大間成文抄下巻之奥歟、可勘之、」

『同』

算道

学生正六位上我孫宿禰重吉

望諸国掾、

右稽古雖久、給官無期、仍為慰空帰、挙達如件、

安元二年正月廿三日

従五位上行博士小槻宿禰広房

正五位下行主税権助兼博士土佐介三善朝臣行衡

北堂

北堂故人挙　延長四秋、

北堂年挙　長徳二秋、同四、長保元、元永二、保安元、同二、保延三、仁平元、治承二、同三、同四、

北堂挙　康平七、延久元、

北堂儒挙　長保三、

紀伝年挙　寛弘四、久寿元、

紀伝道挙　長保二、

明経

明経故人挙　天元五、

明経道年挙　長徳四、治承二、同二、

明経年挙　長徳三、長保三、保安元、保延三、仁平元、同四、治承四、

明経道挙　長保元、延久二、元永二、保安二、

明経挙　寛弘四、治暦四、延久元、同五、

明法

明法故人挙　天元五、

明法年挙　長保三、康平八、延久二、仁平元、久寿元、治承二、同三、同四、

明法道挙　元永二、保安二、

明法挙　康平七、治暦四、延久三、

明法道年挙　建久七、

算

算道年挙　長徳四、治承二、同三、同四、

算年挙　仁平元、久寿元、

算道挙　康平八、治暦三、延久元、保安元、保延三、

/「算・明法挙、隔年任之者、不加年字、可叶理歟、」

「未給

『長徳元秋』伊賀掾正六位上藤原朝臣近平　紀伝正暦三年々挙、」

『承保二』
讃岐権掾正六位上凡宿禰頼利 北堂延久三年挙、

『承保元秋』
美作少掾正六位上海宿禰宗嗣 北堂挙、 『(藤原)俊家』

北堂
請被特蒙　天恩、以年挙学生等、倶拝任諸国掾・目等闕状
蔭子正六位上海宿禰宗嗣
望美作国大掾、小、〔少カ〕去延久五年挙、
蔭孫正六位上凡宿禰頼則
望諸岐国掾、「讃歟」去延久三年挙、
蔭孫正六位上額田宿禰成友
望阿波国大目、去延久二年挙、
右件人等稽古雖久、成業無期、仍為慰空帰、挙達如件、抑紀伝者、四堂之中専一之道也、而他道之挙奏、逐年雖被補、於当道者動有隔年、爰宗嗣等年歯及七旬、露命在一瞬、望請　天恩、年年〔以カ〕挙学生等、被並補件国掾・目闕者、将令慰沈老之歎矣、謹請　処分、
承保元年十二月廿六日
従四位上行右中弁兼文章博士伊予権介藤原朝臣正家
正四位上行左中弁兼文章博士近江守藤原朝臣実政

明法算隔年任例

長徳二　共任、　同三　共不任、

同四　共任、　長保元　共不任、

同二　共不任、　同三　明法任、算不任、

治暦三　算、　同四　明法、

延久元　算、　同二　明法、

元永二　明法、　保安元　算、

元永元四道皆任、俊房（源）

同二　明法、

久寿元　共任、　同二　共不任、

連年任例

康平六　明法、　同七　明法、

同八　明法、

延久二　明法、　同三　明法、

治承二　共任、　同三　共任、

同四　共任、

四道皆不任例

寛徳元　同二

永承元　同二

同四　同五

天喜二　同三

同四　同五

康平元　同二

同三

已上皆任京官、

三院挙　勧学院 学館院　奨学院、

『長徳二』

長門掾正六位上藤原朝臣仲廉　勧学院挙、

阿波権掾正六位上藤原朝臣時堪　勧学院挙、

『嘉保元』

備前掾正六位上藤原朝臣成信　勧学院挙、

寛治七 勧学 奨学 (源)俊房

但馬大掾正六位上大江朝臣友安　奨学院挙、

『長治二』 長治元 同、 三院皆任、

相模掾正六位上藤原朝臣為元　勧学院挙、

『永久四』

阿波大掾正六位上藤原朝臣行廉　勧学院挙、

永久三 奨学 学館 同、『不立籤、仍加成文、』
勧学院学堂
\学生正六位上藤原朝臣行廉
望諸国掾、阿波大、
右件人稽古雖久、成業無期、仍為慰空帰、挙達如件、
永久四年正月十三日
正五位下行文章博士兼大内記越中介藤原朝臣永実
従四位下行〔大ヒ〕□学頭兼文章博士藤原朝臣敦光

大隅掾正六位上清原真人貞継 奨学院年挙、

『同』
奨学院
\学生正六位上清原真人貞継
望諸国掾、大隅、
右件人稽古雖久、成業無期、仍〔為ヒ〕□慰空帰、挙達如件、
永久四年正月十三日
従四位下行式部少輔大江朝臣有元

壱岐掾正六位上橘朝臣三枝 学館院年挙、

『同』

学館院
　別当正六位上橘朝臣三枝
　　望諸国掾、壱岐、
右件人労効雖積、宿望無期、仍為慰勤節、挙達如件、
　　永久四年正月廿八日
　　　　散位従五位下橘朝臣
　　　　前信濃守従五位下橘朝臣広房
　　　　従五位上行肥前守橘朝臣説家
」

『久寿二』
『不立籤、仍加成文、但雖立籤、可依四所、』
伊予少掾従七位上県宿禰守秀　勧学院年挙、
」
勧学院
　従七位上県宿禰守秀
　　望伊予少掾、
右得守秀款状偁、補案主職之後、已及九箇年、於預挙奏、誰謂非拠乎者、今加覆審、所申有実、仍以所請如件、
　　久寿二年正月廿五日
　　　別当参議従三位左大弁兼勘解由長官藤原朝臣資信
」

『同』

安藝大掾正六位上清原真人金方　奨学院年挙、

奨学院学堂

\ 学生正六位上清原真人金方

望諸国掾、安藝大、当年給、

右当院学生、毎年除目被任諸国掾者、古今之恒例也、而件金方稽古雖積、成業無期、仍為慰空帰、挙達如件、

久寿二年正月廿三日

学生蔭孫正六位上源朝臣

学頭正六位上大江朝臣

文章生正六位上大江朝臣

正四位下行大学頭大江朝臣維順 」

『同』

備中少掾正六位上橘朝臣雲里　学館院年挙、 」

学館院

\ 正六位上橘朝臣雲里

\ 望備中・讃岐等国大掾、少、

右件人労効雖積、宿望難期、仍為慰空帰、挙達如件、

久寿二年正月廿三日別当散位従五位下橘朝臣以長

『安元二』
阿波少掾正六位上藤原朝臣国延　勧学院挙、
『今度立籤、仍不加成文、』
勧学院
＼学生正六位上藤原朝臣国近
望諸国掾、
右件人讃〔鑽ヒ〕仰雖久、成立無期、仍為慰空帰、挙達如件、
安元二年正月廿五日
別当従三位行左大弁兼周防権守藤原朝臣俊経

大隅掾正六位上中原朝臣貞光　奨学院年挙、
奨学院
＼正六位上中原朝臣貞光
望上総掾、
右件貞光入学雖久、給官無期、仍為慰空帰、挙達如件、
安元二年正月廿七日
散位従四位上大江朝臣維光

壱岐掾正六位上橘朝臣里業　学館院年挙、

学館院

正六位上橘朝臣里業

望諸国掾、

右件人労効雖積、宿望難期、仍為慰空帰、挙達如件、

安元二年正月十六日別当正五位下行前筑前守橘朝臣以政

勧学院年挙

長徳四　長保二　延久二　同三

承保二　元永二　仁平元　久寿元

勧学院挙

康平八　延久元　同五　保安元

保延三　治承二　同三　同四

奨学院年挙

長徳四　長保二　長徳二秋 保延三　仁平元

同四　治承二　同三　同四

奨学院挙

嘉保元　元永二　保安二

学館院年挙

保延三　仁平元　久寿元　治承二

同三　同四

学館院挙

元永三

三院挙作巡例　勧学毎年、奨学・学館隔年、

延久元　勧学院、　同二　同、

同三　同、

同五　同、　承保二　同、

元永元俊房（源）三院皆任、

元永二　勧学院、奨学院、　保安元　勧学院、学館院、

同二　奨学院、

連年任三院例

久寿元　同二

治承二　同三

同四

三局史生　付官掌

『延喜十四』伊勢大目正六位上丸部臣氏経　外記史生、　『貞仁(信)公』(藤原忠平)

『同』美濃権少目従七位下(上ヒ)三祖三名春成　内記史生労、

『同』信濃少目正六位上依智秦公岑範　右史生労、

『同』肥前大目正六位上長我孫豊宝　左史生労、

『天暦八』石見目正六位上丈部伊美吉在真　左史生労、　(藤原実頼)『清慎公』

『同』讃岐権大目正六位上秦勝長実　右史生労、

『同』美濃大目正六位上国臣五種　外記史生労、

『永観二』備前権大目従七位上海宿禰忠明　左史生、　(源)『雅信』

『同』備後権大目従七位上物部宿禰雅種　右史生、

『同』美作権大目従七位上酒部公利永　外記史生、

『長徳三』伊勢権少目従七位上笠朝臣常忠　右史生、

『昌泰元』淡路目正六位上長背連氷魚主　左官掌労、　(藤原)『時平』

上召使

『永久四』

摂津権目従七位上藤井宿禰延国　上召使、

太政官

請殊蒙　天恩、因准先例、以上召使従七位上藤井宿禰延国、被拝任（摂津権、）越前・加賀等国目状

右得延国款状偁、為上召使之者、被任諸国目者、古今之例也、爰延国勤厚稟性、夙夜在公、早被挙　奏者、将遂宿望者、今加覆審、所申有実、仍注事状、謹請　処分、

永久四年正月廿三日

正六位上行権少外記三善朝臣為景
正六位上行少外記小野朝臣有隣
正六位上行少外記中原朝臣親輔
従五位下行大外記大江朝臣（清佐）
修理左宮城判官正五位下行主〔計〕税頭兼大外記但馬権守中原朝臣師遠
従五位下行少納言兼侍従藤原朝臣忠能
正五位下行少納言兼侍従藤原朝臣
従四位下行少納言兼侍従藤原朝臣

『安元二』　「

摂津大目従七位上清原真人兼清　上召使、

太政官

請殊蒙　天恩、因准先例、依恪勤労、以上召使従七位上清原清原（ヒナシ）真人兼清、被拝任和泉摂津、目状

右得兼清款状偁、為上召使之輩、依恪勤労、被拝任諸国目者、承前之例也、爰兼清夙夜在公、僶俛匪懈、採択之処、旁当其仁、今加覆審、所申有実、望請　天恩、因准先例、依恪勤労、被拝任彼国目者、弥伝〔俾ヒ〕竭奉公之節矣、仍勒事状、謹請　処分、

安元二年正月廿六日

正六位上行権少外記三善朝臣宗康

正六位上行少外記中原朝臣経明

従五位下行少外記中原朝臣忠弘

正五位下行大炊頭兼大外記主計権助備後権介中原朝臣師尚

正五位上行大外記兼博士清原真人頼業

従五位上行少納言兼侍従藤原朝臣顕家

正五位下行少納言兼侍従長門権守平朝臣信季

従四位上行少納言兼侍従源朝臣信康

上召使任国

官式云、五畿内 志摩 伊豆 飛驒 佐渡 隠岐 淡路等主典

『家例』
長徳三 摂津、 治承三 同、 同四 同、
康平六 讃岐、
延久五 阿波、
嘉保元 淡路、
長治二 伊予、
元永二 越中、
保安元 越前、 治承二 同、
保安二 加賀、

『他家』
天元二 山城、
永観二 若狭、

(奥書)
「嘉禄三年八月廿五日書写了、
(九条教実)
右大臣(花押)」

（表紙外題、九条道房筆）
「大間成文抄第四　春外国四」

（旧表紙袖書、九条政基筆）
「内舎人外国　文章生外国　文章生散位〔外ヒ〕分国
相撲人外国　諸司奏　諸司史生
所々奏　行事所申　諸社申
諸寺申　請　料
功　賞　譲
故者子孫　雑々」

大間成文抄第四　春　外国四

内舎人外国　任東海・東山、」

『長徳二』
甲斐権掾正六位上大春日朝臣遠明　内舎人、
武蔵権大掾正六位上幡美宿禰相奉　内舎人、

『康平六』
相模大掾正六位上紀朝臣至任　内舍人、
安房掾正六位上藤原朝臣式奉　内舍人、
下総大掾正六位上藤原朝臣成則　内舍人、

『嘉保元』
甲斐大掾正六位上藤原朝臣行貞　内舍人、
武蔵大掾正六位上橘朝臣保季　内舍人、
下総少掾正六位上勝宿禰宗俊　内舍人、

『長治二』
上野大掾正六位上平朝臣貞宗　内舍人、
下野大掾正六位上大中臣朝臣宗員　内舍人、
下野大掾正六位上源朝臣清高　内舍人、

『永久四』
相模大掾正六位上源朝臣忠友　内舍人、
下総少掾正六位上源朝臣習　内舍人、
下野大掾正六位上藤原朝臣親定　内舍人、」

中務省
　注進内舍人労帳事

＼正六位上藤原朝臣親定　労十四年
＼正六位上源朝臣習　労十一年
＼正六位上源朝臣忠友　労十年
正六位上平朝臣則季　労九年
正六位上源朝臣助正　労九年
正六位上県村主則遠　労八年
正六位上大中臣朝臣行永　労八年
正六位上源朝臣長遠　労八年
右依例注進如件、
永久四年正月十四日　正六位上行少録惟宗朝臣遠兼
従四位上行権大輔兼加賀守藤原朝臣顕輔　正六位上行少丞平朝臣邦隆
従四位上行大輔源朝臣　正六位上行少丞平朝臣
従五位上行少輔藤原朝臣経親　正六位上行少録清福成行

『安元二』
相模大掾正六位上藤原朝臣範能　内舎人、
下総大掾正六位上源朝臣宗長　内舎人、
下野掾正六位上藤原朝臣俊宗　内舎人、

中務省

『労帳不加成文、』

注進内舎人労帳事

\正六位上藤原朝臣範康　労十八年

\正六位上源朝臣宗長　労七年

\正六位上藤原朝臣俊宗　労七年

正六位上藤原朝臣忠重　労六年

正六位上藤原朝臣広定　労六年

正六位上藤原朝臣範光　労五年

正六位上藤原朝臣邦元　労五年

正六位上藤原朝臣定景　労五年

正六位上中原朝臣時経　労五年

正六位上藤原朝臣成家　労五年

右労帳注進如件、

安元二年正月廿日

正六位上行少録中原朝臣業貞

正四位下行権大輔藤原朝臣経家　正六位上行少録紀朝臣良貞

従五位上守大輔藤原朝臣長明　正六位上行少録中原朝臣成広

正五位下行少輔藤原朝臣隆成

正六位上行少録惟宗朝臣恒光

正六位上行少丞藤原朝臣遠宣

正六位上行少丞藤原朝臣親貞

正六位上行少丞橘朝臣定家

正六位上行少丞藤原朝臣仲経

二人例　長徳二、　寛弘四、　永承二、

不任年　永承四、

三人例　依為流例、不注之、

文章生外国　任北陸・山陰・西海、

『康平六』

越前大掾正六位上藤原朝臣国正　文章生、

越中大掾正六位上平朝臣貞度　文章生、

越後大掾正六位上中原朝臣明俊　文章生、

『長治二』

越前大掾正六位上藤原朝臣有成　文章生、

加賀大掾正六位上藤原朝臣実重　文章生、

越中大掾正六位上藤原朝臣経良　文章生、

『永久四』
加賀権掾正六位上藤原朝臣広兼　文章生、
越中権掾正六位上藤原朝臣国明　文章生、
『即任権少外記、』
越後大掾正六位上大江朝臣政国　文章生、

大学寮

注進　文章生歴名事

合

文章生正六位上大江朝臣泰基　蔵人所、

已上壱人天仁三年四月卅日補、

正六位上藤原朝臣広兼

正六位上大江朝臣通清　(白河法皇)院蔵人所、

正六位上藤原朝臣為盛　院蔵人所、

已上肆「参歟」人天永三年十一月廿四日補、

正六位上藤原朝臣国明

正六位上大江朝臣政国

正六位上橘朝臣盛忠

正六位上藤原朝臣宗友

正六位上平朝臣信盛
正六位上源朝臣家清　蔵人所、
正六位上大江朝臣有仲
正六位上中原朝臣親頼
正六位上橘朝臣定元
正六位上高橋朝臣孝盛
正六位上高階朝臣有兼
正六位上藤原朝臣光佐
正六位上源朝臣義成
正六位上藤原朝臣経光
正六位上中原朝臣公親
已上拾伍人永久三年三月一日補、
右依例注進如件、
永久四年正月十三日　　　　正六位上行少属紀朝臣(光直カ)
従四位下行頭兼文章博士藤原朝臣敦光　　正六位上行少允平朝臣未到、
正六位上行権助(衍カ)高階朝臣未到、　　正六位上行少允藤原朝臣未到、
正六位上行権助源朝臣未到、　　正六位上行少允藤原朝臣未到、

正六位上行少允平朝臣未到、
正六位上行少属紀(為利カ)朝臣
正六位上行少属大江朝臣未到、
」

『安元二』
越前大掾正六位上荒木田神主明家　文章生、
加賀大掾正六位上藤原朝臣仲能　文章生、
能登掾正六位上中原朝臣俊言　文章生、
」

『労帳不加成文、』
大学寮
注進　文章得業生并文章生等歴名事
合
文章得業生正六位上菅原朝臣長守
『今度任民部丞、』
文章生正六位上中原(大中臣カ)朝臣盛実　建春門院(平滋子)侍、仁安二年三月十九日試、
正六位上藤原朝臣季光　内御書所衆、嘉応三年三月廿六日試、
\正六位上荒木田神主明家
\正六位上藤原朝臣仲能
已上弐人承安元年十二月十五日試、
\正六位上中原朝臣俊言

正六位上源朝臣時親
正六位上清原真人能宗
正六位上三善朝臣頼行
正六位上藤原朝臣盛光
正六位上藤原朝臣光国
正六位上惟宗朝臣祐景
正六位上藤原朝臣能経
正六位上大中臣朝臣泰隆
正六位上三善朝臣仲康
正六位上源朝臣兼季
正六位上中原朝臣宗弘
正六位上惟宗朝臣定弘
正六位上藤原朝臣公経
正六位上高階朝臣隆仲
正六位上高橋朝臣信尚
正六位上藤原朝臣範高
正六位上藤原朝臣有仲

正六位上平朝臣親能

已上拾玖人承安五年二月廿八日試、

正六位上中原朝臣仲資　承安五年七月十一日及□〔第ヒ〕宣旨、

右注進如件、謹解、

安元二年正月廿三日　正六位上行少属大中臣朝臣良兼

正四位下行頭藤原朝臣有光　正六位上行少允中原朝臣未到、

正六位上行権助源朝臣未到、　正六位上行少允源朝臣未到、

正六位上行少允藤原朝臣未到、

正六位上行少允源朝臣未到、

正六位上行少属藤井朝臣未到、

正六位上行少属紀朝臣未到、

正六位上行少属藤井朝臣未到、

『任二人例』

『元永二』

能登少掾正六位上中原朝臣親頼　文章生、

越後少掾正六位上高階朝臣有兼　文章生、

『不加成文、』

大学寮

注進　文章得業生并文章生暦〔歴ヒ〕名事

合

『能兼・永範皆入
兼国勘文任了、』

文章得業生正六位上藤原朝臣能兼

正六位上藤原朝臣永範

已上弍人元永元年十二月卅〔日脱カ〕補、

＼文章生正六位上高階朝臣有兼

＼正六位上中原朝臣親頼

正六位上源朝臣義成

正六位上橘朝臣盛忠

正六位上源朝臣家清　蔵人所、

正六位上大江朝臣有仲

正六位上藤原朝臣経光

正六位上藤原朝臣光佐

已上捌人永久三年三月一日補、

正六位上藤原朝臣憲光

〔已上脱カ〕壱人永久五年十一月廿五日補、

正六位上文室朝臣相賢

正六位上平朝臣遠範

正六位上中原朝臣季重
正六位上源朝臣盛義
正六位上藤原朝臣清兼
正六位上物部宿禰貞遠
正六位上源朝臣盛範
正六位上藤原朝臣為範
正六位上大江朝臣以平
正六位上紀朝臣親盛
正六位上大江朝臣盛賢
正六位上平朝臣時信
　已上拾弐人永久六年四月一日補、
右注進如件、
　元永二年正月十九日　正六位上行少属紀朝臣為俊
従四位上行頭兼文章博士伊予権介藤原朝臣敦光正六位上行少允平朝臣未到、
正六位上行助高〔階脱カ〕朝臣　正六位上行少允藤原朝臣未到、
正六位上行権助源朝臣未到、　正六位上行少允平朝臣未到、
　正六位上行少允藤原朝臣未到、

正六位上行少属紀朝臣未到、
正六位上行少属大江朝臣未到、

二人例　長徳三、長保元、

不任年々　寛弘四、寛徳元、永承元、
同二、同四、康平二、
同三、治暦元、承保二、
嘉保元、〔御カ〕(後二条師通記カ)以記云、文章生所在平人皆為御書所・蔵人所衆、其外無他人、仍不外国、

任京官之時減外国員例

長徳二　大宰大監、弾正忠、
同四　出雲、長門、宮内丞、
長保二　越前、丹波、勘解由判官、

不減例

久寿元　越前、佐渡、丹波、権少外記、有尻付不外国、
安元二　越前、加賀、能登、民部丞、無尻付、建春門院侍、(平滋子)載労帳第一、

文章生散位　任外国最有疑、

『長徳二』
越後権掾正六位上清原真人重倫　文章生散位労、

相撲人外国

『延久三』
伊豆掾従七位上蔵垣宿禰長清　左相撲人、　五或本、
或説、召相撲人国々左右相分、然者左不可任右国、右不可任左国云々、又第三以上任掾、以下任目云々、

諸司奏

『昌泰二』
丹後目正六位上忌部久世人　神祇官奏、
『(藤原)時平』

『永観二秋』
大宰少監正六位上宇治宿禰奉政　木工寮申、
『(源)雅信』

阿波権掾正六位上御長真人好隣　修理職申、

諸司史生

『寛平十』
安藝権少目正七位下建部公大宗　大蔵史生労、
『時平』

『延喜十三』
河内権大目従七位上雑田部良経　主計寮史生、
『貞(信)仁公』(藤原忠平)

出雲少目従六位下伴連藤利　主税史生労、

所々奏　付労人

御書所

『天暦八』尾張権少目従七位下阿刀宿禰兼遠　御書所校生、　(藤原実頼)『清慎公』」

『永観元』相模権少目正六位上秦宿禰為彦　御書所当年労、　(源)『雅信』

伯耆権掾正六位上賀陽朝臣孝忠　御書所執事、　『同』

備中権大目正六位上依智秦宿禰則吉　『装横〔潢〕文書調巻、見図書寮式、』一本御書所装横〔潢〕、　『同』

伊勢権大目正六位上海宿禰経佐　一本御書所労、　『同』

長門権目従七位上葛宿禰業遠　一本御書所書手、」

大哥所」

『長徳元秋』阿波権掾正六位上船宿禰時任　大哥十生労、」

侍従所」

『延喜二京』土左権大目従七位下丹波直士成　侍従所預労、　(藤原)『時平』

『延喜十三』筑前大目正七位上田中朝臣穀種　侍従所大舎人、　〔信〕『貞仁公』(藤原忠平)」

画所

『昌泰三』讃岐少目従八位下巨勢朝臣相見　画師、（藤原）『時平』

『天元五』越前少目正六位上勝宿禰輔奉　画所労、（源）『雅信』

『永観元』摂津権大目正六位上立野宿禰兼理　画所絵師労、『同』

『同二』丹後権目正六位上桑原宿禰成見　画所張手、

『長徳二』伊勢権大目正六位上秦宿禰吉樹　画所奏、『同』

『同三』周防権掾正六位上百済王為孝　画所、

作物所

『天暦八』丹波権大目従八位上飛鳥戸造時持　作物所、（藤原実頼）『清慎公』

『天元三』備中権少目従六位上辛人宿禰公直　作物所一労、『雅信』

『同五』若狭権目正六位上壬生公公忠　作物所木工、『同』

『永観元』遠江大目正六位上磯部有本　作物所鍛治〔冶〕労、『同』

『同二』但馬権大目正六位上飛鳥戸造貞連　作物所漆工、

『長徳二』但馬権少目正六位上三上真直　作物所労、

『寛治六』越後少掾正六位上丸部宿禰信方　作物所、（源）『俊房』

」

」

」

」

作物所
請殊蒙　天恩、依年労恪勤、以内竪正六位上丸部宿禰信方、補任諸国《越後、》掾闕状
右得信方款状偁、謹検案内、為作物所内竪之輩、依年労恪勤、補任諸国掾、逐年不絶、爰信方出仕当職之後、及三十箇年、就中為木道工、大少公事敢不致所渋、准之傍輩可謂殊功、今加覆審、所申有実、望請　天恩、依年労恪勤、以件信方被補任掾闕者、弥俾知奉公之貴、仍勒在状、謹請　処分、

寛治六年正月廿三日

預正六位上行造酒令史秦忌寸信忠

正六位上行内匠属坂上宿禰守忠

従四位下粟田朝臣

従五位下紀朝臣」

〔永長〕『承徳元』

丹波大掾正六位上多治宿禰友方　作物奏、　（源）〔俊房〕『宗俊』」

作物所
請殊蒙　天恩、因准先例、以漆工〔道工カ〕道正六位上多治宿禰友方、拝任諸国《丹波、》大掾状
右得友方款状偁、謹検案内、当所工等、以挙奏毎年任諸国大掾、承前不易之例也、爰友方出仕之後、卅余年于玆、至大少公事色々御物、敢不致懈怠、望請　天恩、因准先例、以友方被拝任件掾、将励奇肱之後輩矣、仍勒在状、謹請　処分、

嘉保三年正月廿七日案主従七位上左史生息長宿禰

預正六位上内匠属上野清近

正六位上造酒令史秦

散位従五位下粟田朝臣

散位従五位下紀朝臣」

御厨子所」

『長徳二』摂津大掾正六位上大江朝臣孝信　御厨子所労、

『康平元』摂津大掾正六位上秦宿禰武延　御厨子所衆、

『康平二』伊賀掾正六位上軽部宿禰国友　御厨子所膳部、

『治暦三』能登少掾正六位上軽部宿禰国友　御厨子所挙、

『同』丹後少掾正六位上藤井宿禰吉近　御厨子所挙、」

内給所」

『天元三』大宰少典正六位上秦宿禰倫頼　内給所申、　『(源)雅信』

『天元四』大宰権少監正六位上藤原朝臣永明　内給所申、　『雅信』」

御願所」

『永観元』上野大掾正六位上私臣真村　御願所申、　(源)『雅信』」
酒殿」
『天元三』大和少目正六位上河内忌寸高直　内酒殿預労、　『雅信』」
神泉」
『延喜二』上総少目従六位下額田連岑直　内竪神泉預労、　(藤原)『時平』
『永観二』越前権大目正六位上布勢朝臣数成　神泉預、　『雅信』」
穀倉院」
『延喜二正』因幡権掾正六位上紀朝臣河望　穀倉院預労、　『時平』
『延喜三正』阿波権掾正六位上南淵朝臣広淵　穀倉院預、　『同』」
行事所申」
『天暦八』筑前権掾正六位上下道公冬樹　醍醐寺御塔所申、　(藤原実頼)『清慎公』
『保延五秋』肥後権守従五位下源朝臣清実　成勝寺行事所申、
『天元四』駿河介正六位上幡〔播〕磨宿禰延年　御願造仏経所申、　『雅信』
『同秋』遠江介正六位上美努宿禰公忠　御願造仏所申、　『同』

『天喜二』上総権介正六位上佐伯朝臣真任　御経行事所申、

『同』上野権介正六位上石上朝臣兼親　御経行事所申、

豊後権守正六位上藤原朝臣景真　伊勢神宝所申、」

行造伊勢豊受宮事所

請任先　宣旨、依神宝用途准絹二千疋功、以正六位上藤原朝臣景真、被拝任諸国豊後、権守状

右得景真款状偁、成功之中、以神事為最、神事之中、以〔大〕太神宮為先、而雖致不日勤、于今未遂其望者、如〔加〕〔之〕覆審、所申有実、仍言上如件、謹解、

安元元年十二月七日

左少弁正五位下藤原朝臣兼光」

諸社申」

『永観元』駿河権守従五位下懐行王　石清水申、　『(源)雅信』

『応徳二』加賀介正六位上藤原朝臣盛季　平野社申、　『(源)俊房』」

平野社

請特蒙　天恩、因准傍例、以正六位上藤原朝臣盛季、被拝任加賀国介、募其任料、令修造社頭破損舎屋・

築垣等状

副進損色一通

右謹検案内、当社破損之時、申請受領功、令修造者例也、爰永保年中源俊兼募受領功、修造先畢、其後依不経程未及破損、而去年八月大風之時、樹木折落、舞殿転倒、其外舎屋又以破損、仍注子細欲上奏之処、件盛季任彼国介、募其微俸、可修造進舎屋之処《由》、所申請也、望請　天恩、因准傍例、以件盛季被拝任加賀国介者、将令致舎屋修造之勤、仍注在状、謹請　処分、

応徳二年正月廿七日権祝従七位上文室真人長光

祝従七位上高橋朝臣則武

権禰宜従七位上藤井宿禰

禰宜正六位上卜部宿禰宣季

権預従五位下行神祇権大祐卜部宿禰兼宗

預従五位上行神祇権大副卜部宿禰兼国

平野社

注進雑舎損色等事

舞殿一宇　三間一面檜皮葺　已破損、

内侍着舎一宇　五間檜皮葺　損北二間南一間、

戸津居殿一宇　八間板葺　已破損、

雅楽舎一宇　五間一面板葺　半損、

司御馬立舎一宇　五間一面板葺　半損、

行事所舎一宇　五間一面板葺　処々破損、

北面築垣一町　蓋板半損、

右為去応徳元年八月廿六日大風倒木破損者、注進如件、

応徳二年正月廿七日

禰宜藤井信季

諸寺申

『永観元』能登権介正六位上源朝臣伝　山王院申、『(源)雅信』

『同』大和権大掾正六位上佐伯宿禰重規　壺坂寺申、『同』

『同二』下総介正六位上平朝臣吉明　海印寺申、『同』

『同秋』因幡介正六位上清原真人長義　一乗寺申、『同』

請

『長徳二秋』隠岐権掾正六位上八木宿禰雅光　国請申、

『長徳三』安藝掾正六位上永原朝臣直正　国請、

『長保元』飛驒権掾正六位上粟田朝臣興　国解、

『承暦四秋』伊勢介正六位上高階朝臣章方　国請、『(藤原)俊家』

権介正六位上勝宿禰則兼　国請、
大掾正六位上大賀宿禰国親　国請、
権大掾正六位上佐伯朝臣忠行　国請、
少掾正六位上磯部宿禰盛貞　国請、
権少掾正六位上大賀宿禰則俊　国請、

『已上皆雖無闕猶任之、』

伊勢国司解　申請　天裁事

請被殊蒙　天裁、任先例、裁補斎王毎年三度御参宮・四度御禊幷柒箇度祇承官人等状

介

○ヒ本ココニ「毎度雖無闕悉可任哉、」アリ、

＼正六位上高階朝臣章方
＼正六位上勝宿禰則兼

掾

＼正六位上大賀宿禰国親
＼正六位上佐伯朝臣忠行
＼正六位上磯部宿禰盛貞
＼正六位上大賀宿禰則俊

右謹検案内、斎内親王御参宮・御禊、毎年七箇度也、毎度国官人一人令供奉之例也、但依有所役無人望之、因玆、前司兼行・範信・公盛・宗成等、注具由申請〔之ヒ〕三日、依数各所被裁補也、令尋件輩、或以死去、或以去

任、若不仰恩裁、恐致闕怠歟、抑如庁官申状者、官人少数之時尤有其煩、如〔加ヒ〕之慮外穢気之刻、臨期可闕事也

者、言上如件、望請　天裁、任申請数被裁補者、将令勤仕件役、仍勒事状、謹解、

承暦四年　月　日

従五位下行守藤原朝臣良綱　」

『延喜六』　対馬目従八位上豊国真人春行　府申、　（藤原）『時平』

『昌泰二』　陸奥大掾正六位上平朝臣棟材　（藤原）守元善朝臣請申、

『天元四』　大宰少監従六位上小野朝臣葛根　大弐（小野）葛綩（紘）朝臣申、

『長徳二』　豊前権介正六位上菅原朝臣為忠　大弐輔正（菅原）朝臣以男請、　（源）『雅信』

筑前介正六位上藤原朝臣豊能　大弐藤原朝臣（有国）請申、

『康平三』　大宰権少監従五位下平朝臣兼重　帥藤原朝臣（経輔）請、　（藤原）『長家』

『承暦四秋』　大宰大典正六位上伴朝臣俊基　権帥藤原朝臣請、　（藤原）『俊家』

＼請被因准先例、以正六位上伴朝臣俊基、補任大典状

右為太〔大ヒ〕宰帥之輩、申任典之例、古今已存、不遑羅縷、望請　天恩、以件俊基被補任典、謹請　処分、　」

承暦四年九月十一日正二位行太〔大ヒ〕宰権帥藤原朝臣資仲　」

『寛治七』　大宰大監正六位下惟宗朝臣行光　大弐藤原朝臣請申、　『(源)俊房』」

請特蒙　天恩、因准先例、以正六位上惟宗朝臣行光、拝任大監状

右謹検故実、為大宰大弐者、請任監者、已為恒典、不遑毛挙、望請　天恩、以件行光早被拝任者、将知前蹤之不墜、謹請　処分、

寛治七年二月三日参議正〔三〕四位行大宰大弐藤原朝臣長房」

料」

『天暦八』　陸奥権少掾正六位上多治真人敏平　(婉子内親王)斎院当年禊祭料、　『(藤原実頼)清慎公』

『貞元三秋』　豊後介正六位上佐波部宿禰致明　(尊子内親王)前斎院申造院料、　『(源)雅信』

『天元三』　武蔵介正六位上藤原朝臣正忠　賀茂禊祭料、　『同』

『永観元』　出雲権介正六位上小槻宿禰長貫　(選子内親王)斎院車料、　『同』

『天元二』　近江少掾正六位上菅野朝臣茂滋　円融寺幡料、　『同』

『同』　筑前介正六位上大蔵朝臣良生　興福寺上階僧房作料、　『同』

『天元四秋』　武蔵権大掾正六位上車持宿禰正有　『上有延暦寺名替、』　同寺申西塔修理料、　『同』

『長徳三秋』　筑後権介正六位上真髪部宿禰守忠　海印寺作料、

『長徳三』　下野介正六位上浅井宿禰季好　醍醐寺作料、

『長保元秋』　大宰少監正六位上土師宿禰朝兼　常住寺修理料、

『寛弘二』土左権介正六位上八木宿禰連理　朱雀院修理料、」
\正六位上八木宿禰連理
望土左権介、
寛弘二年正月廿五日」

功」

『寛平十』周防少目従八位上大宅臣常良　石立功、　(藤原)『時平』」
『昌泰二』伊勢大目従七位上甲賀宿禰於雄　大嘗会所申採材木功、　『同』」

賞」

『康平六』陸奥大掾正六位上物部宿禰長依　討俘囚賞、」

譲」

『延喜廿二』下野権大掾正六位上藤原朝臣基風　陸奥守(藤原)真興朝臣兼国譲弟、　(信)『貞仁公』(藤原忠平)」
『長和元』近江少掾正六位上河内宿禰為説　左近将監茨田重方譲、」

故者子孫

『昌泰元』　播磨権大掾正六位上藤原朝臣晴見　故致仕大納言藤原朝臣（冬緒）嫡孫、　『時平（藤原）』

『同』　紀伊掾正六位上大江朝臣春潭　儒後故参議音人朝臣（大江）男、　『同』

『同二』　筑後掾正六位上藤原朝臣安名　故右大臣（源能有カ）家人、　『同』

『同三』　播磨権大掾正六位上藤原朝臣文範　故佐世（藤原）朝臣男、　『同』

『延喜二京』　鋳銭判官正六位上吉備朝臣陸道　吉備大臣（真備）後、　『同』

『同七』　参河介正六位上源朝臣当季　故右大臣（源能有）男、　『同』

『同五』　丹後介正六位上源朝臣就　故大納言〔弘〕（源）昇朝臣男、　『同』

『延長五京』　内舎人正六位上宮道朝臣陳平（陣ヒ）　故兵部卿家人、　『貞〔信〕仁公（藤原忠平）』

『同八京』　加賀介正六位上藤原朝臣尹忠　故大納言藤原朝臣（道明）息、　『同』

『延喜三』　備中掾従七位上弓削宿禰時実　贈太政大臣（藤原高藤カ）家令、　『時平』

雑々

『長暦二秋』　周防介従五位下菅野朝臣信公　漏刻博士、『兼国歟、』　『実資（藤原）』

『安元二』　下野介正六位上中原朝臣盛季　天文得業生、

\天文得業生正六位上中原朝臣盛季誠惶誠恐謹言、

請殊蒙　天恩、因准先例、依当職労、被拝任参河・武蔵・下野、加賀等介闕状右盛季謹考旧貫、居当職之輩、拝任諸国介者、承前之例也、爰盛季拝任当職之後八箇年、当道之役、毎有其催、未致懈□〔緩ヵ〕、申請之旨何無哀憐、望請　天恩、依当職労、被拝任件介闕者、将知忠勤之不空、盛季誠惶誠恐謹言、

安元二年正月廿八日天文得業生正六位上中原朝臣盛季」

『長保二』　備前権掾正六位上大江朝臣為清

『長徳元秋』　播磨権大目正六位上惟宗朝臣元政」

此両人有疑、若与京官相博歟、往古有件例、無尻付者也、」

（奥書）「嘉禄三年九月十日書写了、

（九条教実）右大臣（花押）」

（表紙外題、九条道房筆）
「大間成文抄第五　春外国五」

（旧表紙袖書、九条政基筆）
「兼国付出納兼国諸衛兼国　宿官
諸国権守介　受領」

大間成文抄第五　春　外国五

兼国

越前権守従三位源朝臣顕仲　兼、
周防権守正三位源朝臣基綱　兼、
出雲権介従五位下賀茂朝臣守憲　兼、
紀伊権守従五位上源朝臣明賢　兼、
石見権介従五位上惟宗朝臣季友　兼、
伊予権介正五位下藤原朝臣信通　兼、
備後権介従五位上藤原朝臣忠長　兼、

五下
美濃介正六位上藤原朝臣俊信　兼、
因幡少掾正六位上中原朝臣兼時　明経得業生、
越中少掾正六位上中原朝臣仲資　明法得業生、
丹後少掾正六位上三善朝臣遠貞　算得業生、
近江権守正四位下藤原朝臣通季　兼、
美作権守正四位下藤原朝臣信通　兼、
伊予権守正四位下藤原朝臣実行　兼、
阿波権介従四位下安倍朝臣泰長　兼、
伊予権介従四位下藤原朝臣敦光　兼、
長門権介従五位下中原朝臣師安　兼、
越後介正五位下小槻宿禰盛仲　兼、
丹後介従四位上賀茂朝臣光平　兼、
阿波介従五位下中原朝臣宗政　兼、
丹波権守従四位上丹波朝臣雅康　兼、
因幡介従五位上安倍朝臣盛親　兼、
備中介正四位下源朝臣雅定　兼、
備前介正五位下藤原朝臣成通　兼、

近江介従五位上藤原朝臣実衡　兼、
備後掾正六位上中原朝臣明兼　兼、
越後掾正六位上中原朝臣友道　明法得業生、

勘申兼国例事

参議兼国例

正四位下藤原朝臣通季　歴二年
永久三年四月任、
正四位下藤原朝臣信通　歴二年
永久三年八月任、
正四位下藤原朝臣実行　歴二年
永久三年四月任、
藤原家政　歴二年
康和四年正月任参議、　同五年〔二〕正月兼近江権守、
藤原顕実　歴二年
長治三年三月任参議、　嘉承二年正月兼美作権守、
藤原俊忠　歴二年
嘉承元年十二月任参議、　同二年正月兼伊予権守、

陰陽頭兼国例

従四位下安倍朝臣泰長　歴三年

永久二年十二月任、

安倍吉昌　歴三年

長保六年正月任陰陽頭、　寛弘三年正月兼但馬権守、

大中臣為俊　歴三年

永承七年十二月任陰陽頭、　天喜二年二月兼阿波権介、

文章博士重国〔兼ヒアリ〕例

従四位下藤原朝臣敦光　（脱アルカ）

嘉承二年正月任文章博士、　同三年正月兼越中介、

天永三年秩満、　（脱アルカ）

藤原実範

天喜元年正月任文章博士、　同三年正月任伊予介、　（脱アルカ）

康平二年秩満、

藤原正家　秩満後三年

治暦三年十二月任文章博士、　同五年正月兼伊予介、

延久五年秩満、　承保二年正月兼伊予介、

直講兼国例

従五位下中原朝臣師安　歴五年

天永三年十二月任、

中原以忠　歴五年

天暦八年十月任直講、　天徳二年七月兼長門介、

中原広忠　歴六年

嘉承二年十二月任直講、　天永三年正月兼紀伊権介、

算博士重兼国例

正五位下小槻宿禰盛仲　秩満後五年

康和三年四月任算博士、　嘉承三年正月兼土左権介、

天永三年秩満、

小槻糸平　秩満後三年

天暦八年正月任算博士、　同六年正月兼越後介、

同十年秩満、　天徳二年正月兼美作介、

三善為長　秩満後六年

長暦三年十二月任算博士、　寛徳二年四月兼美濃介、

永承四年秩満、　天喜二年二月兼越後介、

主税頭兼国例

従四位上賀茂朝臣光平　　歴三年

永久五〔二カ〕年三月任、

丹波行衡　　歴三年

長和三年四月任主税頭、　同五年正月兼丹後介、

主計助兼国例

従五位上中原朝臣宗政　　歴四年

永久元年九月任、

賀茂道平　　歴四年

寛徳三年正月任主計助、　永承四年正月兼讃岐権介、

三善為忠　　歴四年

天喜四年十月任主計助、　康平三年正月兼阿波介、

医道人重兼国例

従四位上丹波朝臣雅康　　秩満後五年

嘉承三年正月兼越前介、　天永三年秩満、

従四位上安倍朝臣盛親　　秩満後十年

康和五年正月兼丹後介、　嘉承二年秩満、

丹波雅忠　　秩満後三年
永承二年正月兼丹波介、　同六年秩満、
天喜元年正月兼丹波権介、
丹波重康　　秩満後三年
長治三年正月兼丹波介、　天永元年秩満、
(脱アルカ)
左右近中将兼国例
正四位下源朝臣雅定　(脱アルカ)
永久三年八月任右近権中将、(脱アルカ)
源顕雅
康和元年十二月任右近権中将、(脱アルカ)　同二年正月兼讃岐介、
藤原俊忠
康和四年二月任左近権中将、　同五年〔二〕正月兼備中介、
同少将兼国例
正五位下藤原朝臣成通　　歴二年
永久三年八月任右近権少将、
従五位上藤原朝臣実衡　　歴二年

永久三年八月任右近権少将、

藤原顕実　歴二年

承保元年十二月任右《左》近権少将、　同二年正月兼備前介、

藤原有家　歴二年

寛治二年十二月任左近少将、　同三年正月兼近江介、

明法博士兼国例

正六位上中原朝臣明兼　（脱アルカ）

天永四年正月任、

惟宗国任　歴四年

寛治二年十二月任明法博士、（脱アルカ）　同五年正月兼備後掾、

中原範政

永長二年正月任明法博士、　康和二年正月兼備後掾、

同得業生兼国例

正六位上中原朝臣友道　（脱アルカ）

天永四年正月補得業生、（脱アルカ）

豊原季時

天仁二年十二月補得業生、　天永三年正月任越後少掾、

藤原盛致　歴四年

天永三年六月補得業〔生脱カ〕、永久三年正月任長門掾、

右年年補任帳、所注如件、仍勘申、

永久四年正月廿九日修理左宮城判官主計頭兼大外記助教但馬権守中原朝臣師遠勘申」

讃岐権守従三位藤原朝臣経宗　兼、

越前権守従三位藤原朝臣資信　兼、

備後権守従四位上藤原朝臣成隆　兼、

丹波介正五位下賀茂朝臣在憲　兼、

能登介従四位下賀茂朝臣憲栄　兼、

長門介従五位上三善朝臣行康　兼、

備後介正五位下安倍朝臣広賢　兼、

周防権守正五位下清原真人定安　兼、

讃岐介従四位下源朝臣師教　兼、

備中大掾正六位上中原朝臣業倫　兼、

越中少掾正六位上藤原朝臣光範　文章得業生、

因幡掾正六位上藤原朝臣盛業　文章得業生、」

勘中兼国例

勘中兼国例

参議重兼国例

従三位藤原朝臣経宗　秩満後二年

久安五年七月任参議、　同六年正月兼備中権守、

久寿元年秩満、

従三位藤原朝臣資信　秩満後二年

久安五年七月任参議、　同六年正月兼周防権守、

久寿元年秩満、

藤原経定　秩満後二年

永治元年十二月任参議、　同二年正月兼讃岐権守、

久安二年秩満、　同三年正月兼伊予権守、

藤原清隆　秩満後二年

康治元年十二月任参議、　同二年正月兼播磨権守、

久安三年秩満、　同四年正月兼越前権守、

藤原教長　秩満後二年

永治元年十二月任参議、　久安四年正月兼丹波権守、

仁平二年秩満、　同三年正月兼阿波権守、

三宮亮兼国例

従四位上藤原朝臣成隆　歴五年

仁平元年二月任皇后宮権亮、

藤原顕家　歴五年

天喜四年二月任皇后字〔宮ヒ〕権亮、　康平三年二月兼讃岐権守、

源顕親　歴五年

保延元年十二月任皇后宮亮、　同五年正月兼備前権守、

陰陽博士重兼国例

正五位下賀茂朝臣在憲　秩満後九年

長承二年十月任陰陽博士、　康治二年正月兼丹波権介、

久安三年秩満、

賀茂宗憲　秩満後五年

天永元年十一月任陰陽博士、　同三年正月兼因幡介、

永久四年秩満、　保安元年正月兼因幡介、

賀茂守憲　秩満後七年

天治元年十二月任陰陽博士、　保延三年正月兼丹波介、

永治元年秩満、　久安三年正月兼因幡介、

暦博士重兼国例

従四位下賀茂朝臣憲栄　秩満後五年

長承二年五月任権暦博士、　久安三年正月兼備前権守、

仁平元年秩満、

賀茂道平　秩満後五年

長元元年五月任暦博士、　同七年正月兼美作介、

長暦二年秩満、　長久三年正月兼丹波介、

賀茂宣憲　秩満後五年

保延三年四月任暦博士、　康治二年正月兼能登介、

久安三年秩満、　同七年正月兼丹波介、

諸司長官兼国例

従五位上三善朝臣行康　歴六年

久安六年正月任諸陵頭、

紀久長　歴五年

保延五年正月任玄蕃頭、　康治二年正月兼因幡介、

大中臣重親　歴六年

保延六年三月任諸陵頭、　天養二年正月兼長門介、

天文博士重兼国例

正五位下安倍朝臣広賢　秩満後八年

天治元年十二月任天文博士、　康治三年正月兼長門権介、

久安四年秩満、

安倍吉正　秩満後五年

寛和二年九月任天文博士、　長徳元年八月兼周防権介、

長保元年秩満、　同五年二月兼長門介、

安倍奉親　秩満後六年

長元八年十月任権天文博士、　同九年正月兼備後介、

長久元年秩満、　寛徳二年正月兼伯耆権介、

明経博士兼国例

正五位下清原真人定安　歴二年

久寿元年十二月任博士、

中原広宗　歴二年

長治二年六月任博士、　同三年正月兼因幡権守、

清原信俊　歴二年

大治五年十月任博士、　天承元年正月兼周防権守、

弾正大弼兼国例

従四位下源朝臣師教　　歴四年

仁平二年正月任弾正大弼、

源明賢　歴四年

天仁二年正月任弾正大弼、　天永三年正月兼讃岐介、

大江維順　歴四年

天承元年十二月任弾正大弼、　長承三年正月兼讃岐介、

明法博士兼国例

正六位上中原朝臣業倫　　歴四年

仁平二年九月任、

中原季盛　歴四年

久安三年十二月任明法博士、　同六年正月兼備後少掾、

坂上兼成　歴四年

久安五年十月任明法博士、　仁平二年正月兼備中大掾、

文章得業生兼国例

正六位上藤原朝臣盛業　　歴二年

久寿元年十二月補、

正六位上藤原朝臣光範　　歴二年

久寿元年十二月補、

藤原経光　　歴二年

久安六年五月補文章得業生、　同七年正月任因幡掾、

藤原基業　　歴二年

仁平二年十二月補文章得業生、　同三年正月任越中大掾、

藤原範季　　歴二年

仁平二年十二月補文章得業生、　同三年正月任越後大掾、

右年年補任帳、所注如件、仍勘申、

久寿二年正月廿七日大炊頭兼大外記主税権助助教周防権介中原朝臣師業勘申

阿波権守正三位藤原朝臣朝方　兼、

備中権守正三位藤原朝臣実守　兼、

出雲権守従三位藤原朝臣頼定　兼、

紀伊権守正四位下藤原朝臣重方　兼、

阿波介従五位上藤原朝臣兼宗　兼、

出雲介従五位上藤原朝臣信清　兼、

備中権介従五位上源朝臣兼忠　兼、
因幡介正五位下藤原朝臣業実　兼、
武蔵権介従五位上三善朝臣倫康　兼、
土左介正四位下賀茂朝臣在憲　兼、
越中権守正五位上清原真人頼業　兼、
尾張権介従五位上小槻宿禰広房　兼、
丹波介正四位下和気朝臣定成　兼、
但馬介正五位下丹波朝臣重能　兼、
参河権介正五位下和気朝臣定長　兼、
能登権介従五位下丹波朝臣重憲　兼、
越前権介従五位上丹波朝臣雅長　兼、
播磨権介正四位下藤原朝臣隆忠　兼、
備中介正五位下藤原朝臣公時　兼、
伊予権介従四位下平朝臣維盛　兼、
丹後介正五位下藤原朝臣成宗　兼、

勘申

参議兼国例

正三位藤原朝臣朝方　　歴二年

安元元年十一月任、

藤原実綱　　歴二年

仁安二年正月任参議、　同三年正月兼阿波権守、

藤原隆季　　歴二年

応保元年九月任参議、　同二年正月兼讃岐権守、

同人重兼国例

正三位藤原朝臣実守　　秩満後二年

嘉応二年十二月任参議、　同三年正月兼播磨権守、

安元元年秩満、

従三位藤原朝臣頼定　　秩満後二年

嘉応二年十二月任参議、　同三年正月兼周防権守、

安元元年秩満、

藤原家通　　秩満後二年

保〔仁〕安元年六月任参議、　同二年正月兼加賀権守、

承安元年秩満、　同二年正月兼出雲権守、

藤原宗家　　秩満後二年

永暦元年四月任参議、　応保元年正月兼丹波権守、

永万元年秩満、　仁安元年正月兼越前権守、

藤原仲実　秩満後二年

寛治六年四月任参議、　同七年二月兼播磨権守、

承徳元年秩満、　同二年正月兼備中権守、

装束使弁兼国例

正四位下藤原朝臣重方　左中弁二年　装束使二年

安元元年十二月任左中弁、　同月為装束使、

源雅頼　左中弁二年　装束使二年

保元三年八月任左中弁、　同月為装束使、

平治元年正月兼伊予〔勢カ〕権守、

藤原資長　右中弁二年　装束使二年

保元元年九月任右中弁、　同月為装束使、

同二年正月兼阿波権守、

侍従兼国例

従五位上藤原朝臣兼宗　歴六年

嘉応三年四月任、

従五位上藤原朝臣信清　　歴六年

　嘉応三年四月任、

従五位上源朝臣兼忠　　歴五年

　承安二年四月任、

源家俊　　歴五年

嘉応元年三月任侍従、　承安三年四月兼出雲権介、

藤原実明　　歴五年

仁安元年八月任侍従、　嘉応二年正月兼土左介、

藤原実保　　歴六年

永万元年八月任侍従、　嘉応二年正月兼播磨介、

大内記兼国例

正五位下藤原朝臣業実　　歴三年

　承安四年四月任、

藤原敦周　　歴三年

長寛元年十二月任大内記、　永万元年正月兼因幡権介、

藤原宗光　　歴三年

元永二年正月任大内記、　保安二年正月兼阿波介、

内蔵助兼国例

従五位上三善朝臣倫康　　歴七年

嘉応二年四月任、

賀茂尚憲　　歴七年

永万元年四月任内蔵助、　承安元年正月兼武蔵介、

藤原季時　　歴七年

保元元年三月任内蔵助、　応保二年正月兼長門介、

陰陽道人重兼国例

正四位下賀茂朝臣在憲　　秩満後十四年

保延二年十一月任陰陽助、　保元々年九月転陰陽頭、

同四年正月兼丹後介、　長寛元年秩満、

賀茂宣憲　　秩満後十四年

仁平三年三月任陰陽権助、　保元元年正月兼伯耆権介、

永暦元年秩満、　嘉応二年正月転陰陽助、

承安三年正月兼伯耆介、

惟宗文高　　秩満後四年

寛弘五年十月任権陰陽博士、　同七年二月任陰陽頭、

長和五年正月兼長門介、　　寛仁四年秩満、
治安三年二月兼土左権守、

博士兼国例

正五位上清原真人頼業　　歴二年
安元元年九月任、
清原信俊　　歴二年
大治五年十月任博士、　天承元年正月兼周防権守、
中原広宗　　歴二年
長治二年六月任博士、　嘉承元年正月兼因幡権守、

算博士重兼国例

従五位上小槻宿禰広房　　秩満後四年
長寛三年正月任算博士、　仁安四年正月兼尾張権介、
承安三年秩満、
三善行衡　　秩満後四年
永暦元年七月任算博士、　長寛二年正月兼尾張権介、
仁安三年秩満、　承安元年正月兼能登介、
三善為康　　秩満後四年

永久元年十月任算博士、　五同年正月兼尾張介、
保安二年秩満、　天治元年正月兼越後介、

典薬頭兼国例

正四位下和気朝臣定成　歴四年
承安三年七月任、

丹波忠明　歴四年
万寿三年十月任典薬頭、　長元二年正月兼丹波介、

菅原典雅　歴四年
長和二年正月任典薬頭、　同五年二月任但馬権守、

医博士重兼国例

正五位下丹波重能　秩満後五年
長寛二年十一月任医博士、　仁安三年正月兼但馬介、
承安二年秩満、

丹波重成　秩満後三年
保延元年四月任医博士、　同五年正月兼因幡介、
康治二年秩満、　久安元年正月兼出雲権介、

丹波雅忠　秩満後四年

長元八年正月任権医博士、　長久元年正月兼備後介、
寛徳元年秩満、　永承二年正月兼丹波介、

侍医兼国例

正五位下和気朝臣定長　歴六年
承安元年十二月任権侍医、
従五位下丹波朝臣重憲　歴六年
嘉応三年四月任侍医、
○コノ間一行分空白、脱アルカ、
永万元年十月任侍医、　(脱アルカ)
安倍親良　歴六年
保元二年十月任侍医、　応保二年正月兼能登権介、
丹波基康　歴六年
長承三年四月任権侍医、　保延五年正月兼越後権介、

同人重兼国例

従五位上丹波朝臣雅長　秩満後三年
永万元年十月任侍医、　嘉応二年正月兼参川介、
承安四年秩満、

丹波憲康　　秩満後三年
久寿二年十二月任侍医、(脱アルカ)
長寛二年秩満、　仁安元年正月兼越後権介、
丹波実康　　秩満後三年
天養元年正月任侍医、　久安六年正月兼越中権介、
久寿元年秩満、　保元元年正月兼越前権介、

左右近衛中将兼国例

正四位下藤原朝臣隆忠　　歴二年
承安五年四月任右近権中将、
藤原朝臣(兼実)　右大臣、　　歴二年
保元三年四月任左近権中将、　平治元年正月兼播磨介、
関白(藤原基房)　　歴二年
保元元年九月任左近権中将、　同二年正月兼播磨権守、

同少将兼国例

正五位下藤原朝臣公時　　歴二年
安元元年十二月任右近権少将、
正五位下藤原朝臣成宗　　歴二年

安元元年十二月任左〔右〕近権少将、

平清経　歴二年

承安四年十二月任左近少将、　安元元年正月兼丹波権介、

藤原実国　歴二年

久寿二年四月任右近権少将、　保元元年正月兼美作権介、

藤原成通　歴二年

永久三年八月任左近権少将、　同四年正月兼備前介、

同人重兼国例

従四位下平朝臣維盛　秩満後二年

嘉応二年十二月任右近権少将、　同三年正月兼丹波介、

安元元年秩満、

藤原泰通　秩満後二年

応保元年十月任右近権少将、　長寛二年正月兼美濃介、

仁安三年秩満、　嘉応元年正月兼伊予介、

藤原経定　秩満後二年

大治三年四月任左近権少将、　同四年正月兼備後介、

長承二年秩満、　同三年二月兼備中権介、

右年年補任帳、所注如件、仍勘申、

安元二年正月廿九日少外記中原経明勘申

参議正四位下源朝臣顕基　兼、

周防権守正四位下源朝臣顕基　兼、

典薬頭従五位上丹波朝臣忠康　兼、

備前権介従五位上丹波朝臣忠康　兼、

式部権大輔正四位下大江朝臣匡房　兼、

備前権守正四位下大江朝臣匡房　■

丹波権守正四位下丹波朝臣雅忠　兼、

正四位下行主税頭兼侍医丹波介丹波朝臣雅忠誠惶誠恐謹言、

請特蒙　天恩、依医道労、被転任権守闕状

右雅忠謹検案内、自祖父重雅朝臣至于雅忠、彼国権守・介、毎有其闕常所兼帯之官也、雅忠去永保二年拝任介、権守闕于今無拝除之人矣、望請　天恩、被転任件官闕者、将知奉公之節、雅忠誠惶誠恐謹言、

応徳二年正月廿三日正四位下行主税頭兼侍医丹波介丹波朝臣雅忠

兼国例

参議　隔一年重任、　　大弁　秩満次年重任、

大蔵卿　　少納言　多任紀伊・阿波、
近衛中・少将　或介、　装束司弁　或介、多任美作、
三宮亮
已上権守、
大内記　　五位外記・史　任縁海国、
諸司長官　　馬頭
諸道五位博士　　医道
陰陽道
以上介、
諸道六位博士　　諸道得業生　任北陸・山陰、不任西海、
以上掾、
補文章得業生之後、次年載兼国勘文任之、但為蔵人之者、延代二年献冊也、若春除目以前献冊者、
不兼国也、

出納兼国

近江少目正六位上中原朝臣行親　蔵人所出納、
蔵人所出納明法生正六位上中原朝臣行親誠惶誠恐謹言、

請殊蒙　天恩、因准先例、被拝任諸国目状

右行親謹考旧貫、為蔵人所出納之輩、随申請拝任諸国目者、古今不易之恒規也、爰行親補当職之後、僶俛匪懈、夙夜在公、望請　天恩、因准先例、被拝任諸国目者、将知奉公之節矣、行親誠惶誠恐謹言、

永久四年十二月十四日蔵人所出納明法生正六位上中原朝臣行親」

近江大目正六位上惟宗朝臣国憲　蔵人所出納、」

蔵人所出納明法生正六位上惟宗朝臣国憲

望諸国目、近江目、

保安二年正月廿三日」

近江少目正六位上中原朝臣致長　蔵人所出納、」

蔵人所出納例

治暦三　同四

久寿二

出納例

延久元　同五

任掾例

延久四　近江少掾、

近江外任他国例　近江流例也、仍不注之、

天暦八　備前権少目、　長元五　備後少目、

永保元　尾張少目、　保元々　播磨大目、

昌泰元　讃岐権大目、

兼京官出納兼国例　可尋、

今案、猶可注蔵人所出納歟、兼国本意非京官之労、出納労也、

諸衛兼国　左近任北陸道、右近任北陽〔山ヒ〕道、不任常陸・出羽・西海道等云々、

播磨大掾正六位上下毛〔野脱カ〕公重行　兼、

備前権掾正六位上紀朝臣基武　兼、

備中少掾正六位上下毛野公公武　兼、

讃岐権掾正六位上三池宿禰安武　兼、

越前大掾正六位上藤沢宿禰良高　兼、

備後掾正六位上文宿禰是安　兼、

美作大掾正六位上秦忌寸近重　左近将曹、

周防権掾正六位上大石宿禰季方　左近府生、

下野大目正六位上県使良仁　左近番長労、

周防少掾正六位上滋生宿禰行兼　兼左近将曹、

左近衛府謹奏

請殊蒙　天恩、因准先例、以将曹滋生宿禰行兼・府生軽部宿禰季友等、被任美作・周防掾闕状

右謹検案内、当府恪勤者、始自去康平二年、被拝任諸国掾、是則年々之例也、而行兼・季友等、苟致陣府恪勤夙夜不匪、節会・行幸之役最無闕怠、望請　天恩、因准先例、被拝任件官者、将且励傍輩之心、且知奉公之貴、謹奏、

承暦二年正月十六日

正三位行権中納言兼大将藤原朝臣(師通)

参議正二位行権中将兼伊与権守藤原朝臣基長

参議従三位行権中将源朝臣雅実

正四位下行権中将兼中宮権亮備前介藤原朝臣公実

従四位上行権中将兼近江権守藤原朝臣家忠

権少将正五位下兼行美作介藤原朝臣隆宗

従五位上守権少将兼備後介藤原朝臣季実

従五位上守権少将兼美作介藤原朝臣

陸奥大掾正六位上藤沢宿禰季吉　左近府生、

左近衛府

請被特蒙　天恩、因准恒例、拝任以府生正六位上滋生宿〔禰ヒアリ〕行忠、越中・越後等国掾闕、以府生正六位上藤沢宿禰季忠（吉）、陸奥国掾闕状

右

永保三年正月廿九日

内大臣正二位兼行大将藤原朝臣（師通）

参議従三位行権中将兼美作権守藤原朝臣公実

参議正四位下権中将藤原朝臣基忠

従四位下行権中将兼中宮権亮源朝臣雅俊

従四位下行権少将兼木工頭讃岐介藤原朝臣隆宗

従四位下行権少将兼丹後守藤原朝臣仲実

正五位下行権少将藤原朝臣

従五位上守権少将兼讃岐権介藤原朝臣定実

周防少掾正六位上滋生宿禰行忠　左近奏、

讃岐掾正六位上道守宿禰成季、左近奏、

左近衛府

請被殊蒙　天恩、因准恒例、拝任以府生正六位上滋生宿禰行忠、周防・紀伊国掾闕、以府生正六位上道守

宿禰成季、讃岐掾闕状

右

謹請　処分、

承徳三年正月廿日

正二位行権大納言兼大将藤原朝臣忠―（実）

参議正三位行権中将兼伊与権守藤原朝臣経〔保〕実

参議従三位行権中将兼美作権守源朝臣（国信）

正四位下行権中将兼尾張守藤原朝臣（忠教）

従四位上行権中将兼中宮権亮源朝臣（顕通）

従四位下行権中将藤原朝臣家政

従四位上行権少将兼近江介藤原朝臣有家

従四位上行権少将兼備前権介藤原朝臣

正五位下行権少将藤原朝臣

周防掾正六位上藤原朝臣光清　左近府生、

左近衛府謹奏

請殊蒙　天恩、因准先例、依奉公労、以府生正六位上藤原朝臣光清、被兼任諸国〔周防、〕掾状

右得光清款状偁、謹検旧貫、為府生上臈之輩、依奉公労、被兼任諸国掾者、古今不易例也、爰光清舞楽伎有勤無怠、加之節会・行幸之勤勝他人、尤兼任諸国掾者、今加覆審、所申有実、望請　天恩、因准先例、依奉公労、以件光清被兼任諸国掾者、弥致奉公忠節矣、仍勒在状、謹請　処分、

建久七年正月廿日

内大臣正二位兼行大将藤原朝臣（良経）
参議従二位行権中将兼讃岐権守藤原朝臣（忠経）
従三位行権中将藤原朝臣（公房）
参議正四位下行権中将〔兼脱カ〕美濃介藤原朝臣（兼宗）
正四位下行権中将兼但馬介藤原朝臣親能
正四位下行権中将藤原朝臣
正四位下行権中将藤原朝臣
正四位下行権中将兼播磨権介藤原朝臣
従四位上行権少将藤原朝臣
従四位上行権少将藤原朝臣
従四位上〔行ヒアリ〕権少将兼駿河介藤原朝臣（公清）

従四位上行権少将兼讃岐権介藤原朝臣
従四位下行権少将兼中宮権亮藤原朝臣（師経）
正五位下行権少将藤原朝臣
正五位下行権少将藤原朝臣

将監・将曹兼字例　近衛将監一者、左任近江、右任播磨、俗称箇取云々、
家例
康平二　延久三
注将曹例
家例
承保三　今度避将曹、仍有尻付也、
他家
承暦二　已上在端、
将監・将曹載除目之官也、兼字有理歟、
左近府生例　康平二年二東記云、府生可任目云々、而先例如此、如何、
家例
承保二　見端、

治暦三 加賀大掾、備前掾、 延久元 周防大掾、
同五 備後大掾、
他家
永保三 見端、
左近奏例 於家無其例、
康和元 見端、

肥後権大目従七位上曾禰宿禰宗行 右兵衛府生、
駿河権掾従七位上丈部宿禰宗良 右衛門医師、

宿官

肥後権守従五位下源朝臣盛季
能登権守従五位下藤原朝臣行盛
出羽権守従五位下藤原朝臣為宗
上総権介従五位下藤原朝臣実盛
下総介従五位下惟宗朝臣輔兼
豊前介従五位下大江朝臣有時

可宿官者

従五位下藤原朝臣行盛　式部、

従五位下藤原朝臣為宗　民部、

従五位下藤原朝臣実盛　検非違使、

従五位下惟宗朝臣輔兼　外記、

従五位下大江朝臣有時　史、

長治二年正月廿六日

参河権守従五位下藤原朝臣資兼

信濃権守従五位下藤原朝臣兼定

武蔵権守従五位下紀朝臣為宗

下総介従五位下大江朝臣清佐

肥前権介従五位下大江朝臣行俊

可宿官者

従五位下藤原朝臣兼定　式部、

従五位下紀朝臣為宗　民部、

従五位下大江朝臣清佐　外記、

従五位下大江朝臣行俊　史、
永久四年正月廿九日

参河権守従五位下藤原朝臣尹範
散位従五位下藤原朝臣尹範誠惶誠恐謹言、
請殊蒙　天恩、因准先例、被拝任参河・相模・越中等国権守闕状
右尹範謹考旧貫、経侍中極蔍任員外刺史者、古今不易之通規也、訪之竹帛不遑羅縷、望請　天恩、因准先例、被拝任件国等権守闕者、将知前規之不墜、尹範誠惶誠恐謹言、
安元二年正月廿五日散位従五位下藤原朝臣尹範

周防介従五位下三善朝臣清信
従五位下行左大史三善朝臣清信誠惶誠恐謹言、
請特蒙　天恩、因准先例、被拝任能登・周防・肥前介闕状
右謹検案内、歴官史預栄爵之者、則拝任諸国介、是承前之例也、就中清信当職之間、殊抽愚謹、久竭忠節、望請　天恩、因准先例、被拝任彼国介、欲浴公斷之利潤、清信誠惶誠恐謹言、
安元二年正月廿五日従五位下行左大史三善朝臣清信

可宿官者

従五位下藤原朝臣尹範　蔵人、
従五位下中原朝臣忠弘　外記、
従五位下三善朝臣清信　史、
従五位下藤原朝臣時宗　式部、
従五位下源朝臣時佐　民部、
安元二年正月廿九日

任国例

蔵人　権守、不任近江・丹波、
康平六　越後権守、　延久三　同、　承保二　同、
延久元　甲斐、　嘉保元　同、　元永三　同、
治暦四　遠江、　治承三　同、
延久五　筑前、　元永二　同、
康平七　肥後、　同八　参川、　治暦三　美濃、
延久二　阿波、　保安二　相模、　治承二　但馬、
同四　尾張、
式部　権守、任国不定、

康平六　信濃権守、　延久二　同、
康平七　能登、　治暦三　越後、　同四　相模、
延久三　肥前、　同五　筑後、　嘉保元　遠江、
元永二　下野、　同三　加賀、　保安二　駿河、
治承二　長門、　同四　越中、
民部　同、
康平七　下総権守、　治暦四　同、　元永二　同、
治暦三　駿河、　延久三　同、　承保二　同、
延久元　武蔵、　同五　同、　保安二　同、
治承三　同、　元永三　信濃、　治承二　同、
康平六　下野、　延久二　肥後、　治承四　相模、
嘉保元　下野介、
外記　西海介、
康平七　肥前介、　延久元　同、　治承四　同、
康平八　肥後権、　延久三　同、　元永二　同正、
嘉保元　筑前、　元永三　同、　治承二　同権、
治暦三　筑後、　同四　日向権、　承保二　豊前、

保安二　豊後、
延久二　能登介、　治承三　同、　長治二　下総介、

史　同、

康平六　豊後権介、　承保二　同正、
康平七　豊前権介、　延久三　同権守、　保安二　同権介、
康平八　日向、　治承二　同、
治暦三　肥後、　治承三　同、
嘉保元　筑後、　元永三　同、
元永二　筑前、
治暦四　下総介、　延久二　石見介、

検非違使　東海・東山介、

康平六　上野権介、
延久五　駿河、相模、
嘉保元　下総、

諸国権守介

大宰少監従五位下豊嶋真人兼人

伊勢権守従五位下藤原朝臣信遠
臨時内給、
散位従五位下藤原朝臣信遠
望諸国権守、伊勢、
永久四年十二月廿一日

肥後権守従五位下平朝臣雅久
散位従五位下平朝臣雅久
望諸国権守、肥後、
安元二年正月廿八日

雖人給五位無尻付例　有尻付例見臨時給所、
安元二　三人、　同秋　二人、
治承元秋　同三　二人、
同四　以上権守、
承安四　安元二秋　二人、
已上権介、
以上臨時内給、
安元二　介、

太皇大〔太〕后宮（藤原多子）臨時被申、

甲斐権守従五位下源朝臣季明

六位不任権守事

甲斐権守不可任六位、仍推書五位、関白（藤原基房）命也、無申文、即叙位之次載之、

加賀権守従五位下藤原朝臣経定

散位従五位下藤原朝臣経定誠惶誠恐謹言、

請被特蒙　天恩、因准先例、拝任諸国加賀、権守闕状

右経定謹検案内、公卿子孫叙爵之後、随其申請拝任諸国権守者、承前不易之恒典也、若浴採択之恩、誰謂非拠之任乎、望請　天恩、因准先例、被拝任件官闕者、将仰　皇化之無偏矣、経定誠惶誠恐謹言、

永久四年正月廿八日散位従五位下藤原朝臣経定

安藝権守従五位下中原朝臣則兼

行造大炊内裏事所申、

散位従五位下中原朝臣則兼誠惶誠恐謹言、

請特蒙　天恩、因准先例、依以私物進納造大炊内裏行事所功、被拝任諸国権守闕状

右則兼謹検案内、以私物支公用之輩、随申請任要官者、古今之例也、爰則兼先年之比、励愚力成大功、其後久漏朝選、未遂宿望、今浴玄渙、誰謂非拠、望請　天恩、因准先例、被拝任諸国権守者、将知成功之不朽、

則兼誠惶誠恐謹言、

保安二年正月廿二日散位従五位下中原朝臣則兼

非人給五位権守有尻付例

保延五秋

肥後権守従五位下清〔源〕実　成勝寺行事所申、

永観元

駿河権守従五位下懐行王　石清水申、

同二

出羽権守従五位下懐行王　石清水申駿河権守改任、

長門権守従五位下源朝臣忠義

装束使請申諸国権守、

装束使

請殊蒙　天恩、進納内裏南殿御障子并御帳等修理用除〔途ヒ〕料准絹千疋功、以散位従五位下源朝臣忠義、被拝任

諸国権守闕状

右得忠義款状偁、謹検案内、以私物歴公用之輩、随申請拝要官、是古今之例也、爰忠義為任諸国権守、以私物可進納彼障子等用途料之由申請之処、去天仁二年八月二日依請被下　宣旨、随則不日進納請返抄先了、其

後数度除目已漏 朝恩、早被挙奏将遂宿望、今加覆審、所申有謂、望請 天恩、以件忠義被拝任諸国権守闕者、
将俾知成功之不空矣、仍注事状、謹請 処分、

保安二年正月十七日

修理右宮城判官正五位下行内匠頭兼左大史算博士越前介小槻宿禰盛仲

正四位下行右中弁兼木工頭播磨権介源朝臣雅兼」

駿河介従五位下惟宗朝臣顕基

散位従五位下惟宗朝臣顕基誠惶誠恐謹言、」

請殊蒙 天恩、因准先例、依成業労、被拝任諸国（駿河、）介闕状

右顕基謹検案内、陰陽道人、皆依成業労任諸国介者恒規也、爰顕基久寿二年補歴〔暦カ〕得業生、成業労及二十二廻、
永暦二年叙従五位下、叙位労既十七年、前後之勤何無哀憐哉、競望之処、功労独存者也、望請 天恩、因准
先例、依成業労、弥〔被カ〕拝任諸国介闕者、将知学業之異他矣、顕基誠惶誠恐謹言、

安元二年正月廿日散位従五位下惟宗朝臣顕基」

筑後権守従五位下藤原朝臣保房

散位従五位下藤原朝臣保房誠惶誠恐謹言、」

請殊蒙 天恩、因准先例、依進納賀茂祭女使用途料私物准絹二千疋功、被拝任諸国権守（筑後、）闕状

右保房謹検案内、依進納私物功、随申請拝任要官者承前之例也、爰保房永暦元年四月賀茂祭女使蔵人源高子勤仕使之時、依用途不足、相尋成功之輩、可拝任要官之由、被　宣下之処、忝守　綸言、進納私物准絹二千疋已畢、仍拝任之処、誰謂非拠乎、望請　天恩、因准先例、被任彼権守闕者、弥仰神事之厳重、将知成功之不空矣、保房誠惶誠恐謹言、

治承三年正月十七日散位従五位下藤原朝臣保房」

美濃権守従五位下卜部宿禰兼基」

散位従五位下卜部宿禰兼基誠惶誠恐謹言、

請殊蒙　天恩、因准先例、依重代奉公労、被拝任美濃・加賀・越中国等権守闕状

右兼基謹検案内、重代〔之カ〕上輩殊被抽賞者、　朝家之嘉猷也、爰兼基者、神祇大副兼政之玄孫、権大祐兼貞之嫡男也、家及累葉焉、幸仕重華之聖明、学窺蠹簡矣、自伝亀筮之秘術、而神祇官人当時無闕云々、暫仮員外刺史之名、将慰五内沈憂之歎、採択之処、唯仰哀憐、望請　天恩、因准先例、優重代、被任彼国権守闕者、弥仰　皇化之無偏矣、兼基誠惶誠恐謹言、

治承四年正月廿三日散位従五位下卜部宿禰兼基」

受領」

参河守従五位上藤原朝臣伊通

伯耆守従五位上高階朝臣為遠
石見守従五位下藤原朝臣貞仲
長門守従四位下藤原朝臣伊信
豊後守従五位下中原朝臣章貞
肥前守従五位下惟宗朝臣成宗
壱岐守従五位下中原朝臣則季
伊勢守従五位上藤原朝臣成房
従五位上行大蔵権少輔藤原朝臣成房誠惶誠恐謹言、」
　請特蒙　天恩、因准先例、依以私物修造神祇官八神殿并庁屋・忌部殿・鳥居・釘貫等功、被拝任駿河・伊
　　豆国守等状
右成房謹検案内、以私物成別功之輩、任次第拝要国者、古今不易之恒規也、爰成房修造神祇官八神殿并庁屋一宇、依其成功可任受領之由、経　上奏之処、永保二年九月宣旨偁、依請者、同十二月重　宣旨偁、神祇官忌部殿一宇・鳥居三基・釘貫十三丈同可令造進、同二〔三カ〕年六月又重被　宣下偁、同官庁舎一宇可令造進者、三箇之勤一事無怠、合期修理、請所司之覆勘畢、計其年紀則過卅年、謂其労効亦為第一、然而六七年来闕数少之間、鶴望徒疲、虎符未割、何況当職之労廿九箇年、奉公之節夙夜匪懈、採択之処、誰為非拠、望請　天恩、因准先例、依件成功第一労、被拝任彼国等守者、将仰成功之不空矣、成房誠惶誠恐謹言、
　　永久四年正月廿三日従五位上行大蔵権少輔藤原朝臣成房」

伊豆守従五位上平朝臣経兼
駿河守従五位下藤原朝臣行佐」
散位従五位下藤原朝臣行佐誠惶誠恐謹言、
請殊蒙　天恩、因准先例、依蔵人労効第一、被拝任紀伊国守闕状
右行佐謹検案内、依蔵人労拝任要国者、古今之定隼〔準ヒ〕、明政之依例〔佳ヒ〕也、就中　当今〔鳥羽天皇〕之御宇十箇年之間、尋勘前
跡、以蔵人被任当時熟国、自余新叙旧吏等、以次国所被拝任也、爰行佐青衫之首、謂姑射、謂仙殿、夙夜勤
節、年月勝他、今遇其当巡、盍拝其要国、望請　天恩、因准先例、依蔵人巡労、被拝除件闕者、将当堯曦之
多輝、抽魯鈍之微質、行佐誠惶誠恐謹言、
永久四年正月廿四日散位従五位下藤原朝臣行佐」
信濃守従五位下平朝臣盛基」
散位従五位下平朝臣盛基誠惶誠恐謹言、
請特蒙　天恩、因准先例、依検非違使巡第一、被拝任駿河国守闕状
右謹検案内、盛基去永長二年蒙検非違使　宣旨、康和五年叙爵、計其本巡已為第一、拝除其運相当今春、抑
盛基武衛・金吾之間、久疲本陣之警衛、叙爵散班之後、苟陪射山之夙夜、年齢及七旬、身労倹卅年、今当巡
年、伏仰　朝恩而已、望請　天恩、因准先例、依検非違使巡第一、被拝任件国守闕者、弥竭奉公之節、盛基

誠惶誠恐謹言、

永久四年正月廿七日散位従五位下平朝臣盛基

陸奥守従四位下藤原朝臣基信

紀伊守従五位上藤原朝臣清隆　兼、

筑後守従五位下藤原朝臣永俊

散位従五位下藤原朝臣永俊誠惶誠恐謹言、

請殊蒙　天恩、因准先例、依奉公労幷民部丞巡第一、被拝任伊豆・筑後等国守闕状

右永俊謹検案内、依民部丞巡第一労、被拝除要国守闕者、聖代不易之洪規也、永俊叙爵之後、奉幣使・堂童子役、毎有其催未闕怠、比之傍輩誰謂非拠乎、伊豆・筑後等国守者、平範季・同佑俊、自民部丞巡、拝除之国也、倩思拝任之恩、既非過分之境、抑以非要望之国、推浴拝除之恩、不知永俊之不運、世称奉公之無験、望請　天恩、因准先例、依民部丞第一労、被拝任件等国守闕者、将仰聖化之無偏、永俊誠惶誠恐謹言、

永久四年正月廿八日散位従五位下藤原朝臣永俊

対馬守従五位下惟宗朝臣時重

散位従五位下惟宗〔朝臣脱カ〕時重誠惶誠恐謹言、

請殊蒙　天恩、因准先例、依外記巡年第一労、被拝任伊豆・筑後守状

右時重謹検案内、為外記・官史之輩、各任次第被任受領、古今之例也、爰時重寛治元年十二月任外記、同三年三月叙爵、前後之労卅年于玆、分憂之運今春当仁、望請　天恩、因准先例、依外記巡第一労、被任件国等守者、禰知奉公之貴、時重誠惶誠恐謹言、

永久四年正月廿三日散位従五位下惟宗朝臣時重」

日向守従五位下中原朝臣重俊」

散位従五位下中原朝臣重俊誠惶誠恐謹言、

請特蒙　天恩、依官史叙爵第一幷成業労、拝任伊豆・筑後・対馬等国守闕状

右重俊謹検案内、毎春除目、歴文章生之者、先被抽賞刺史、蹤跡相承古今不絶、重俊早泝龍門之浪、久戴鳳闕之星、採択之間、尤可異他、望請　天恩、依官史叙爵第一幷成業□〔労ヒ〕、拝任件等国守、将知奉公之貴、重俊誠惶誠恐謹言、

永久四年正月廿八日散位従五位下中原朝臣重俊

伊勢　成房
駿河　行佐
伊豆　経兼
信濃　盛基

陸奥　基信
紀伊　清隆
筑後　永俊
対馬　時重
日向　重俊」

山城守従五位下藤原朝臣泰信」
散位従五位下藤原朝臣泰信誠惶誠恐謹言、
請殊蒙　天恩、因准先例、被拝任山城国守闕状
右泰信謹検案内、依奉公之労任受領者、古今不易之例也、訪之竹帛不遑羅縷、望請　天恩、被拝任件国守闕
者、将知憲章之不空、泰信誠惶誠恐謹言、
久寿二年正月廿六日散位従五位下藤原朝臣泰信」

伊勢守従五位下中原朝臣業俊」
散位従五位下中原朝臣業俊誠惶誠恐謹言、
請特蒙　天恩、因准先例、依外記巡上日第一労、被拝任伊勢幷佐渡等守闕状
右謹検案内、新叙之輩、拝任受領、必被優上日之勝劣、更不依任日之次第者也、事已恒規不遑羅縷、爰業俊

苟以立重代早抽任外史、誇　朝恩無怠公務、励早衙遂越上﨟、所謂惟宗季孝也、所増之上日已以及半年、敢非競望之限也、抑業俊久仕数代朝端、漸過八旬暮齢、而去年抽任官史一、棄置外史巡、雖知宿運之有限、尚思朝恩之早覃、僉議之処、偏任哀憐而已、望請　天恩、因准先例、依外記巡上日第一労、被拝任件等闕者、弥知奉公之不空矣、業俊誠惶誠恐謹言、

久寿二年正月廿三日散位従五位下中原朝臣業俊

武蔵守従四位下藤原朝臣信頼
越後守正五位下藤原朝臣成親　兼、
讃岐守正四位下藤原朝臣季行
土左守正四位下藤原朝臣隆季　兼、

山城　泰信
大和
伊勢　業俊
伊豆
武蔵　信頼
下総
越後　成親

佐渡
讃岐　　季行
土左　　隆季

陸奥守正五位下藤原朝臣範季　兼、
越前守正四位下平朝臣通盛
能登守従五位下平朝臣忠房
佐渡守従五位下中原朝臣尚家
隠岐守従五位上藤原朝臣惟頼
肥後守従五位下藤原朝臣能頼
散位従五位下藤原朝臣能頼誠惶誠恐謹言、
請特蒙　天慈、因准先例、依為蔵人巡第一、被拝任最前闕国状
右能頼謹検古実、被任吏途之春、以新叙為宗、被撰新叙之時、以蔵人為先、誠是聖代之旧跡、抑亦当時之嘉貺也、爰能頼蝉冕竭忠、雀級播栄以降、割虎待巡、偸思魏闕之新恩、退鶂有愁、只悲類宋都之故事、被超下藹之例、未聞上古之跡、採択之仁、登用異他、望請　天慈、因准先例、依為蔵人巡第一、被拝任最前闕国者、不空雲路之労、将励土宜之弁矣、能頼誠惶誠恐謹言、
安元二年正月廿八日散位従五位下藤原朝臣能頼

大隅守従五位下藤原朝臣長親

散位従五位下藤原朝臣長親誠惶誠恐謹言、

請殊蒙　天恩、因准先例、依民部巡年第一、被拝任安房・隠岐・対馬国守闕〔等ヒ〕状

右長親謹検案内、依戸部之巡、任宰吏之闕者、承前不易之例也、爰長親久仕八代之朝廷、已迫七旬之暮齢、適当巡年之次、偏是窮老之幸也、抑其闕数少、其望是多者、　公家御祈用途油廿石進納蔵人所、欲拝任申請国等闕、大舎人頭季親者、長親最末之下臈也、而先年被停未来之巡年、進納油十石、任主水正訖、巡年至与不望〔至ヒ〕、廿石与十石、先途殊功与後進浅労、何無優劣、僉議之処、唯仰哀憐、望請　天恩、因准先例、被拝任件国等闕者、弥誇無偏之化、将慰有余之歎矣、長親誠惶誠恐謹言、

安元二年正月廿七日散位従五位下藤原朝臣長親

対馬守従四位下宇佐宿禰公通

陸奥　範季

越前　通盛

能登　忠房

佐渡　尚家

隠岐　惟頼

肥後　能頼
大隅　長親
対馬　公通

対馬守従五位下藤原朝臣親光
散位従五位下藤原朝臣親光誠惶誠恐謹言、
請殊蒙　天恩、因准先例、依蔵人巡第一、被拝任対馬嶋司闕状
右親光謹検案内、歴蔵人関栄爵之輩、依巡年之次第、任要国之宰吏者、古今不易之恒典也、爰親光珥蟬之時、早趨仙殿之月、叙爵之後、久帰俗境之塵、以来奉公之勤匪懈、刺史之巡既至、新浴採択、誰謂非拠、望請天恩、因准先例、依蔵人巡第一、被拝任件嶋司闕者、方誇竹符之恩潤、弥致松節之忠勤矣、親光誠惶誠恐謹言、
治承三年正月十四日散位従五位下藤原朝臣親光

山城
大和
但馬
播磨

備中
紀伊
筑前
筑後
対馬　親光

受領成文注任所例
元永二　保安元
久寿元　同二
不注任所例
永久四　保安二
安元二　治承二
同四

備前守従三位源朝臣資綱　兼、

公卿任受領例

長保元年　近江守従三位源泰清　兼、
同二年　近江守従三位菅原輔正　兼、
治安三年　美作守従三位藤通任　兼、
万寿元年　伊与守従三位藤道雅　兼、
長元々年　伊与守従三位藤資平　兼、
同二年　備前守従三位源朝任　兼、

対馬守従五位上藤原朝臣蔵規　刀伊賊賞、
伊予守従四位下源朝臣頼義　討俘囚賞、
出羽守従五位下源朝臣義家　討俘囚賞、
但馬守従五位上平朝臣正盛　追討犯人義(源)親賞、
志摩守正六位上高橋朝臣成季　氏挙、
志摩守正六位上高橋朝臣時経　氏挙、
志摩守正六位上高橋朝臣信清　氏挙、

志摩守無尻付例
長徳四　高橋善道、　永承元　同高恒、

康平二　同行国、　康平六　同良孝、

已上皆六位也、高橋氏外不任之、

五位任之間存例不可有尻付、

丹波守従五位上高階朝臣業遠　重任、

重任無尻付例

天喜五　備中、　康平二　丹波、

治暦四　伊賀　嘉保元　安藝、

久寿元　丹波、備中、長門、　治承四　安房、下野、陸奥、越中、播磨、紀伊、

紀伊守従五位下大江朝臣景理　三个年延任、

此外皆以詞被仰清書上卿、

承保三年伊賀守藤親房　二个年延任、　（源）師房

校訂者略歴

東京大学大学院修士課程修了
現在、東京大学史料編纂所助教授

主要論文

「藤原宗忠の『除目次第』」（『史学雑誌』九三―七、一九八四年）
「『大間成文抄』と『春除目抄』」（土田直鎮先生還暦記念会編『奈良平安時代史論集』下巻、一九八四年、吉川弘文館）
「『春除目抄』と『秋除目抄』」（『日本歴史』五一六、一九九一年）

大間成文抄 上巻

平成五年二月二十五日 第一刷発行

校訂 吉《よし》田《だ》早《さ》苗《なえ》

発行者 吉川圭三

発行所 株式会社 吉川弘文館
郵便番号 一一三
東京都文京区本郷七丁目二番八号
電話〇三―三八一三―九一五一〈代〉
振替口座東京〇―二四四番

印刷＝平文社・製本＝誠製本

大間成文抄　上巻（オンデマンド版）

Digital Publishing

2018年10月1日　発行

校　訂　吉《よし》田《だ》早《さ》苗《なえ》

発行者　吉川道郎

発行所　株式会社 吉川弘文館
〒113-0033 東京都文京区本郷7丁目2番8号
TEL　03(3813)9151(代表)
URL　http://www.yoshikawa-k.co.jp/

印刷・製本　株式会社 デジタルパブリッシングサービス
URL　http://www.d-pub.co.jp/

吉田早苗
ISBN978-4-642-72263-6